鈴木鉄忠
1978年生．東京工業大学大学院博士課程修了．博士(学術)．中央大学法学部兼任講師．専門は地域社会学．主要論文に，「国境の越え方」(新原道信編著『“境界領域”のフィールドワーク』所収，中央大学出版部，2014年)，「フランコ・バザーリアと精神保健改革」(土肥秀行・山手昌樹編著『教養のイタリア近現代史』所収，ミネルヴァ書房，近刊)．

大内紀彦
1976年生．ヴェネツィア大学大学院修了．特別支援学校教員．専門は日伊文化交流史，特別支援教育．主要論文に，「イタリアにおける下位春吉の活動――雑誌『サクラ』による日本文学紹介を中心に」(『イタリア図書』第41号，2009年)，「ラグーザ・玉の発見と日本への帰国――下位春吉家の人々との交流を通じて」(『イタリア図書』第48号，2013年)．

精神病院のない社会をめざして　バザーリア伝
ミケーレ・ザネッティ，フランチェスコ・パルメジャーニ

2016年9月13日　第1刷発行

訳　者　鈴木《すずき》鉄忠《てつただ》　大内紀彦《おおうちとしひこ》

発行者　岡本　厚

発行所　株式会社　岩波書店
〒101-8002 東京都千代田区一ツ橋 2-5-5
電話案内 03-5210-4000
http://www.iwanami.co.jp/

印刷・三秀舎　製本・松岳社

ISBN 978-4-00-061149-7　　Printed in Japan

文献目録

論考

1. *Comportamento di alcune funzioni psichiche nei vari stadi della subnarcosi barbiturica,* in collaborazione con S. Rigotti, in «Il Cervello», 28, f. 4, 1952.

1 bis. Comunicazione al XXV Congresso della Società italiana di psichiatria, Taormina 1951, in «Il Lavoro Neuropsichiatrico», II, f. 3, 1952.

2. *Sull'impiego di alcune tecniche proiettive in subnarcosi barbiturica,* in collaborazione con S. Rigotti, in «Il Cervello», 28, f. 5, 1952.

2 bis. Comunicazione al XXV Congresso della Società italiana di psichiatria, Taormina 1951, in «Il Lavoro Neuropsichiatrico», II, f. 3, 1952.

3. *Il Test del disegno nei disturbi del linguaggio dell'età evolutiva,* in «Il Lavoro Neuropsichiatrico», 10, f. 3,1952.

4. *Esposizione di alcuni casi di utile impiego del Test del disegno nei disturbi del linguaggio,* Comunicazione alla Sezione veneto-emiliana di neurologia, in «Rivista Sperimentale di Freniatria», 76, f. 2, 1952.

5. *Sull'impiego del Test di associazione verbale secondo Rapaport in clinica psichiatrica,* Riassunto della comunicazione svolta alla Sezione veneto-emiliana di neurologia, in «Rivista di Neurologia», 23, f. 6, 1953.

6. *Sull'impiego del Test di associazione verbale secondo Rapaport in clinica psichiatrica,* in «Giornale di Psichiatria e di Neuropatologia», 81, f. 4, 1953.

7. *Il mondo dell' «incomprensibile» schizofrenico attraverso la «Daseinsanalyse». Presentazione di un caso clinico,* in «Giornale di Psichiatria e di Neuropatologia», 81, f. 3, 1953.

8. *Su alcuni aspetti della moderna psicoterapia: analisi fenomenologica dell' «incontro»,* in «Rivista Sperimentale di Freniatria», 78, f. 2, 1954.

9. *Contributo allo studio psicopatologico e clinico degli stati ossessivi,* in «Rassegna di Studi Psichiatrici», 43, f. 2, 1954.

10. *A proposito della risposta «maschera» nel Test di Rorschach,* in collaborazione con G. P. Dalla Barba, in «Rivista Sperimentale di Freniatria», 78, f. 8,1954.

11. *Gli stati ossessivi in rapporto alla loro nosografia,* Comunicazione al XXVI Congresso della Società italiana di psichiatria, Varese 1954, in «Neuropsichiatria», 23, 1957.

12. *L'ipocondria come deformazione dell' «Erlebnis» individuale nel fenomeno di depersonalizzazione,* Comunicazione al XXVI Congresso della Società italiana di psichiatria, Varese 1954, in «Neuropsichiatria», 23, 1957.

13. *In tema di «pensiero dereistico». Considerazioni sul concetto di «distacco dalla realtà»,* in «Archivio di Psicologia, Neurologia e Psichiatria», 16, f. 1, 1955.

14. *Sull'impiego del Plexonal (Sandoz) nel trattamento sedativo e nella narcoterapia,* Comunicazione alla Sezione veneto-emiliana di neurologia, in «Giornale di

Psichiatria e di Neuropatologia», 83, f. 3, 1955.
15. *La «reazione immagine» del psiconevrotico ossessivo al Test di associazione verbale,* in collaborazione con G. Pessina, in «Rassegna di Studi Psichiatrici», 45, f. 2, 1956.
16. *Il Test di associazione verbale e il Test Wechsler Bellevue in un gruppo di soggetti a sintomatologia isterica,* in collaborazione con G. Pessina, in «Rassegna di Studi Psichiatrici», 45, f. 3, 1956.
17. *Il corpo nell'ipocondria e nella depersonalizzazione. La struttura psicopatologica dell'ipocondria,* in «Rivista Sperimentale di Freniatria», 80, f. 1, 1956.
18. *Il corpo nell'ipocondria e nella depersonalizzazione. La coscienza del corpo e il sentimento di esistenza corporea nella depersonalizzazione somatopsichica,* in «Rivista Sperimentale di Freniatria», 80, f. 3, 1956.
19. *Il fenomeno di interferenza degli shocks e il suo significato nel Test di Rorschach,* in collaborazione con G. P. Dalla Barba, in «Archivio di Psicologia Neurologia e Psichiatria», 17, f. 4, 1956.
20. *Le «Verbalizzazioni»: loro significato nei protocolli Rorschach,* in collaborazione con G. P. Dalla Barba, Comunicazione al III Congresso internazionale Rorschach, Roma 1956, in «Medicina Psicosomatica», f. 4, 1956.
21. *La situazione depressiva neurotica al Test di Rorschach,* in collaborazione con G. P. Dalla Barba, Comunicazione al III Congresso internazionale Rorschach, Roma 1956, in «Medicina Psicosomatica», f. 4, 1956.
22. *Il rifiuto alla V tavola di Rorschach,* in collaborazione con G. P. Dalla Barba, Comunicazione al III Congresso internazionale Rorschach, Roma 1956, in «Archivio di Psicologia, Neurologia e Psichiatria», 65, f. 1, 1957.
23. *La «sindrome organica di Rorschach» in un gruppo di parkinsoniani postencefalitici,* in collaborazione con G. P. Dalla Barba, Comunicazione al III Congresso internazionale Rorschach, Roma 1956, in «Rassegna di Studi Psichiatrici», 46, f. 2, 1957.
24. *I fenomeni di supercompensazione al Test di Rorschach,* in collaborazione con G. P. Dalla Barba, in «Atti dell'Istituto veneto di scienze lettere ed arti. Classe di scienze matematiche e naturali», III, 1957.
25. *Il significato delle risposte chiaroscuro,* in collaborazione con G. P. Dalla Barba, Comunicazione al III Congresso internazionale Rorschach, Roma 1956, in «Giornale di Psichiatria e di Neuropatologia», 85, f. 2, 1957.
26. *Delirio di negazione e ossessione della negazione,* Comunicazione alla Sezione veneto-emiliana di neurologia, in «Rivista Sperimentale di Freniatria», 81, f. 2, 1957.
27. *A proposito del «dreamy state» e della depersonalizzazione nevrotica,* Comunicazione al III Congresso nazionale della Società italiana di neurologia, Abano 1956, in «Rivista Sperimentale di Freniatria», 81, f. 2, 1957.
28. *Il sentimento di estraneità nella malinconia. Contributo psicopatologico e clinico,* in «Giornale di Psichiatria e di Neuropatologia», 85, f. 3, 1957.

29. *Dolore psicotico ed ansia nevrotica nel protocollo Rorschach del depresso,* in collaborazione con G. P. Dalla Barba, in «Rivista Sperimentale di Freniatria», 81, f. 4, 1957.
30. *L'azione della cloropromazina sull'esperienza delirante primaria,* Comunicazione alla Sezione veneto-emiliana di neurologia, in «Rivista Sperimentale di Freniatria», 81, f. 3, 1957.
31. *A proposito dell' «esaltazione» come modalità schizofrenica,* in collaborazione con G. P. Dalla Barba, in «Rivista Sperimentale di Freniatria», 81, f. 4, 1957.
32. *Su alcuni aspetti del protocollo schizofrenico,* in collaborazione con G. P. Dalla Barba, Comunicazione svolta al Simposio «L'uso del Test di Rorschach nello studio della schizofrenia», II Congresso internazionale di psichiatria, Zurigo 1957, in «Giornate di Psichiatria e di Neuropatologia», 85, f. 3, 1957.
33. *A proposito della «sindrome paranoide nella concezione antropologica»,* in collaborazione con G. P. Dalla Barba, Atti del Simposio «Le sindromi paranoidi nella concezione antropologica», II Congresso internazionale di psichiatria, Zurigo 1957, in «Giornale di Psichiatria e di Neuropatologia», 85, f. 3, 1957.
33 bis. *La sindrome paranoide nella concezione antropologica,* in «Journal Brasileiro de Psiquiatria», 6, 270, 1957.
34. *L'anoressia mentale è una nevrosi o una psicopatia?,* in «Medicina Psicosomatica», 4, 263, 1959.
35. *Ansia e dolore nelle situazioni depressive,* in collaborazione con G. P. Dalla Barba, Atti del Simposio sulle «Sindromi depressive», Rapallo 1960, p. 291.
36. *Il corpo nella malinconia,* in collaborazione con G. P. Dalla Barba, Atti del Simposio sulle «Sindromi depressive», Rapallo 1960, p. 293.
37. *Il ruolo del sistema nervoso vegetativo nelle sindromi neuropsichiatriche menopausali,* in collaborazione con D. Fontanari, in «Rassegna di Neurologia Vegetativa», XV, 1, 1960.
38. *Un adito fenomenologico al delirio paranoide,* Comunicazione alle «Giornate psichiatriche» di Torino, in «Annali di Freniatria e Scienze Affini», 444, 1961.
39. *Ansia e malafede. La condizione umana del nevrotico,* Intervento al Convegno culturale «La psichiatria ed i problemi dello spirito nel clima culturale moderno», Roma 1963, in «Rivista Sperimentale di Freniatria», 88, f. 11, 1964.
40. *L'incontro con l'espressione figurative malata,* Atti del II Colloquio internazionale sull'espressione plastica, Bologna, maggio 1963.
41. *Ambiguità ed oggettivazione dell'espressione figurativa psicopatologica,* Convegno della Società italiana di psicopatologia dell'espressione, Milano, aprile 1964, in «Annali di Neurologia e Psichiatria», LVIII, f. 2, 1964.
42. *Kitsch ed espressione figurative psicopatologica,* in «Il Verri», n. XV.
43. *La distruzione dell'ospedale psichiatrico come luogo di istituzionalizzazione. Mortificazione e libertà dello «spazio chiuso». Considerazioni sul sistema «open door»,* Comunicazione al I Congresso internazionale di psichiatria sociale, Londra 1964, in «Annali di Neurologia e Psichiatria», LIX, f. 1, 1965.

44. *Il silenzio nel dialogo con lo psicotico,* Comunicazione al VI Congresso internazionale di psicoterapia, Londra 1964, in «Giornale di Psichiatria e di Neuropatologia», 92, f. 4, 1964.
45. *Delirio,* in *Enciclopedia delle scienze e delle tecniche Galileo,* n. 47, 1964.
46. *Maniaco depressiva psicosi,* in *Enciclopedia delle scienze e delle tecniche Galileo,* n. 97, 1965.
47. *L'esperienza dell'altro nella follia a due,* in collaborazione con A. Slavich, Comunicazione alla XXXV Riunione della Sezione venetoemiliana della Società italiana di psichiatria, Venezia, maggio 1964, in «Rivista Sperimentale di Freniatria», 89, f. 2, 1965.
48. *Considerazioni sul delirio residuo dell'alcolallucinosi,* in collaborazione con A. Slavich, Comunicazione alla XXXVI Riunione della Sezione veneto-emiliana della Società italiana di psichiatria, Parma 1965, in «Rivista Sperimentale di Freniatria», 89, f. 11, 1965.
49. *La «Comunità Terapeutica» come base di un servizio psichiatrico. Realtà e prospettive,* Relazione al Convegno sulle «Realizzazioni e prospettive in tema di organizzazione unitaria dei servizi psichiatrici», Varese 1965, Atti del Convegno.
50. *Potere ed istituzionalizzazione. Dalla vita istituzionale alla vita di comunità,* Relazione al Convegno «Sanità mentale ed assistenza psichiatrica», Roma, 20-22 giugno 1965, Atti del Convegno.
51. *Corps, regard et silence. L'énigme de la subjectivité en psychiatrie,* in «L'Evolution Psychiatrique», n. 1, 1965.
52. *A proposito della schizofrenia tardiva come «schizofrenia involutiva»,* Relazione al Simposio sulle schizofrenie tardive, XXVIII Congresso della Società italiana di psichiatria, Napoli, giugno 1963.
53. *A proposito dell'approccio psicodinamico come alternativa all'istituzionalizzazione nell'organizzazione ospedaliera psichiatrica,* Intervento alla giornata di studio su «La psicoterapia in Italia» indetta dal Gruppo milanese per lo sviluppo della psicoterapia, Milano, 31 ottobre 1966, in «Annali di Neurologia», LX, f. 1/2, 1966.
54. *A proposito delle dinamiche di gruppo in una comunità terapeutica. Il ruolo degli alcoolisti,* in collaborazione con A. Slavich, Comunicazione al Simposio internazionale sull'alcolismo, Zagabria, 7/9 ottobre 1965, in «Giornale di Psichiatria e Neurologia», f. 1, 1966.
55. *Personalità psicopatiche,* in *Enciclopedia delle scienze e delle tecniche Galileo,* n. 118-19, 1966.
56. *Psichiatria,* in *Enciclopedia delle scienze e delle tecniche Galileo,* n. 125-26, 1966.
57. *Un problema di psichiatria istituzionale. L'esclusione come categoria sociopsichiatrica,* in collaborazione con Franca Ongaro Basaglia, in «Rivista Sperimentale di Freniatria», 90, f. 6, 1966.
58. *L'esperienza di «stato d'assedio» nell'alcoolallucinosi,* in collaborazione con A. Slavich, in «Psichiatria Generale e dell'Età Evolutiva», anno IV, n. 1, gennaio-

marzo 1966.
59. *Problemi metodologici in tema di psichiatria istituzionale: la situazione comunitaria,* in collaborazione con A. Pirella, A. Slavich, L. Tesi, D. Casagrande, Comunicazione alla Società veneto-emiliana, Padova, giugno 1966, in «Rivista Sperimentale di Freniatria», XCI, 1967.
60. *L'ideologia del corpo come espressività nevrotica. Le nevrosi neurasteniche,* Relazione al XXIX Congresso nazionale di psichiatria, Pisa, maggio 1966, in «Il Lavoro Neuropsichiatrico», XX, n. 39, f. 1, 1966.
61. *Deliri primari e deliri secondari e problem fenomenologici di inquadramento,* in collaborazione con A. Pirella, Relazione al Simposio sui deliri primari e secondari al XXIX Congresso nazionale di psichiatria, Pisa, maggio 1966, Atti del Convegno.
62. *Che cos'è la psichiatria?,* articolo introduttivo alla raccolta di saggi e documenti sulla realtà istituzionale, Amministrazione provinciale di Parma, 1967.
63. *La libertà comunitaria come alternativa alla regressione istituzionale. Il malato mentale e la comunità terapeutica,* Conferenza tenuta a Colorno (Parma), il 15 febbraio 1967, in *Che cos'è la psichiatria?,* Amministrazione provinciale di Parma, 1967.
64. *Autentico e inautentico nel rapport istituzionale. L'etichettamento psichiatrico come regressione nevrotica,* Conferenza tenuta alla Clinica psichiatrica dell'Università di Roma il 10 maggio 1967.
65. *Exclusion, programmation et intégration,* in collaborazione con G. Minguzzi e F. Ongaro Basaglia, in «Recherches», n. 5, Parigi 1967.
66. *Dare un nome all'oppressione,* in coll. con F. Ongaro Basaglia, G. Minguzzi, G. Scalia, in «Recherches», n. 6, Parigi 1967.
67. *La socioterapia come alibi istituzionale,* in collaborazione con A. Pirella, G. Jervis, A. Slavich, L. Jervis Comba, F. Ongaro Basaglia, D. Casagrande, L. Schittar, Comunicazione al Convegno nazionale di Socioterapia, Vercelli, 8-9 aprile 1967, in «Assistenza Psichiatrica e Vita Sociale», III, n. 6, giugno 1967.
68. *Crisi istituzionale o crisi psichiatrica?,* Relazione all'incontro sui temi «Valore e limiti della psicopatologia tradizionale» e «Possibilità di nuovi metodi di indagine nell'ambito della psicopatologia e loro valore epistemologico», Firenze, 18 giugno 1967, in «Annali di Neurologia e Psichiatria», LXI, f. 2, 1967.
69. *La scelta comunitaria come alternativa alla dipendenza alcoolica. Problemi metodologici in tema di psicoterapia dell'alcoolismo,* in collaborazione con A. Pirella e D. Casagrande, in «Rivista di Psichiatria», II, n. 3, 1967.
70. *La soluzione finale,* in «Che fare», n. 2, Milano 1967.
71. *Il corpo di Che Guevara,* in collaborazione con F. Ongaro Basaglia, in «Che fare», n. 2, Milano 1967.
72. Presentazione a *L'istituzione negata,* Einaudi, Torino 1968.
73. *Le istituzioni della violenza,* in *L'istituzione negata,* Einaudi, Torino 1968.
74. *Il problema dell'incidente,* in collaborazione con F. Ongaro Basaglia, Appendice

alla 2ª ed. De *L'istituzione negata*, Einaudi, Torino 1968.
75. *Il problema della gestione*, Appendice alla 2ª ed. de *L'istituzione negata*, Einaudi, Torino 1968.
76. *La Comunità Terapeutica e le istituzioni psichiatriche*, Relazione al Convegno «La società e le malattie mentali», Roma 1968, Atti del Convegno.
77. *Relazione alla Commissione di studio per l'aggiornamento delle vigenti norme sulle costruzioni ospedaliere*, Ministero della Sanità, Roma 1968.
78. *Considerazioni antropologiche e psicopatologiche in tema di psichiatria stituzionale. Corpo e istituzione*, Conferenza tenuta alla Clinica neuropsichiatrica dell'Università di Genova il 20 marzo 1967, in «Che fare», n. 3, Milano 1968.
79. *Le istituzioni della violenza e le istituzioni della tolleranza*, 1968.
80. Intervista su «Rinascita», n. 48, 6 dicembre 1968.
81. *Considerazioni su un'esperienza comunitaria: la comunità terapeutica di Gorizia*, Relazione del gruppo curante dell'Ospedale Psichiatrico di Gorizia all'incontro italo-francese di Courchevel (Francia), 1968, in «Note e Riviste di Psichiatria», LXI, f. 1, 1968.
82. Introduzione alla traduzione italiana di *Asylums* di E. Goffman, in collaborazione con F. Ongaro Basaglia, Einaudi, Torino 1969.
83. *Appunti di psichiatria istituzionale*, in «Recenti Progressi in Medicina», XLVI, n. 5, maggio 1969.
84. *Morire di classe*, introduzione e cura del libro fotografico di C. Cerati e G. Berengo Gardin sulle condizioni asilari, in collaborazione con F. Ongaro Basaglia, Einaudi, Torino 1969.
85. *Il malato artificiale*, Einaudi, Torino 1969.
86. Prefazione a M. Jones, *Ideologia e pratica della psichiatria sociale*, in collaborazione con F. Ongaro Basaglia, Etas Kompass, Milano 1970.
87. *La malattia e il suo doppio*, in collaborazione con F. Ongaro Basaglia, in «La Rivista di Servizio Sociale», n. 4, 1970.
88. *L'assistenza psichiatrica come problema antiistituzionale. Un'esperienza italiana*, Relazione al Congresso annuale della Società svizzera di psichiatria sul tema «Psichiatria sociale» svoltosi a Malévoz-Monthey il 20 giugno 1969, in «L'Information Psychiatrique», febbraio 1971.
89. *Documento programmatico per l'Amministrazione Provinciale di Trieste*, ottobre 1971.
90. Prefazione a E. Goffmann, *Il comportamento in pubblico*, in collaborazione con F. Ongaro Basaglia, Einaudi, Torino 1971.
91. *La maggioranza deviante*, in collaborazione con F. Ongaro Basaglia, Einaudi, Torino 1971.
92. *La giustizia che punisce. Appunti sull'ideologia della punizione*, VIII Convegno nazionale dei Comitati d'azione per la giustizia, in «Quale Giustizia», n. 9/10, maggio-agosto 1971.
93. *Riabilitazione e controllo sociale*, Relazione all'International Committee Against

Mental Illness, Helsinki 1971, Atti del Convegno e in *Psiquiatría antipsiquiatría e orden manicomial,* a cura di R. Garcia, Barral, Barcelona 1975.
94. *Caratteristiche e natura dell'intervento degli operatori sociali,* Nizza 1972.
95. Prefazione a M. L. Marsigli, *La marchesa e i demoni. Diario da un manicomio,* Feltrinelli, Milano 1973.
96. Introduzione a V. Timmel, *Il magico taccuino,* a cura di A. Pittoni, in collaborazione con F. Ongaro Basaglia, Ed. Zibaldone e La Editoriale Libraria sotto il patrocinio della Provincia di Trieste, 1973.
97. *Psichiatria e giustizia,* Relazione al I Convegno nazionale di «Psichiatria democratica», Gorizia, giugno 1974, in *La pratica della follia,* Ed. Critica delle Istituzioni, Venezia 1974.
98. *Crimini di pace,* in collaborazione con F. Ongaro Basaglia, Articolo introduttivo al volume *Crimini di pace. Ricerche sull'intellettuale e il tecnico come addetti all'oppressione,* Einaudi, Torino 1975.
99. *Segregazione e controllo sociale,* Convegno «Salute in fabbrica», Firenze 1973, in *La salute in fabbrica,* Savelli, Roma 1974.
100. *La violencia en la marginalidad: el hombre en la picota,* in collaborazione con F. Ongaro Basaglia, Relazione al XXIII Curso internacional de criminología, Universidad del Zulia, Maracaibo 1974, in *La institución en la picota,* Editorial Encuadre, Buenos Aires 1974.
101. *L'utopia della realtà,* Relazione al Congrès de la Société suisse de psychiatrie, Ginevra, maggio 1973, in «Schweizer Archiv für Neurologie, Neurochirurgie und Psychiatrie», 114, 1974, in *L'altra pazzia,* a cura dì Laura Forti, Feltrinelli, Milano 1975.
102. *Condizioni e ruolo delle arti contemporanee nella crisi di trasformazione del mondo. Il tecnico e l'intellettuale come addetti all'oppressione,* in collaborazione con F. Ongaro Basaglia, in «Annuario Biennale di Venezia», 1975.
103. Introduzione a R. Castel, *Lo psicanalismo,* in collaborazione con F. Ongaro Basaglia, Einaudi, Torino 1975.
104. *Ideologia e pratica in tema di salute mentale,* Conferenza all'Università di Roma del 28 febbraio 1975, in «Il Pensiero Scientifico», Roma 1975.
105. *Ambiguità del concetto di salute,* in collaborazione con F. Ongaro Basaglia, in «Salute, fabbrica e società», V, n. 1, gennaio 1976.
106. *Il concetto di salute e malattia,* in collaborazione con F. Ongaro Basaglia e M. G. Gianichedda, Relazione preparatoria al Convegno «Les ambiguïtés du concept de santé dans les sociétés industrialisées», Organisation de coopération et de développement économiques, Paris 1975.
107. *La giustizia che non riesce a difendere se stessa,* Relazione al Convegno «Carcere e società», Venezia, febbraio 1974, in *Carcere e società,* Marsilio, Venezia 1976.
108. *La chiusura dell'Ospedale Psichiatrico,* in collaborazione con G. Gallio, Conferenza stampa, Trieste 1976.

109. *Il circuito del controllo: dal manicomio al decentramento psichiatrico,* III Incontro del Réseau internazionale di alternativa alla psichiatria, Trieste 1977, in collaborazione con M. G. Gianichedda e gli operatori di Trieste.
110. Articolo di chiusura dell'Incontro, in «Circuito del controllo», n. 4, Trieste 1977.
111. *Condotte perturbate,* in collaborazione con F. Ongaro Basaglia, *Encyclopédie de la Pléiade,* Gallimard, Paris 1978.
112. *Appunti per un'analisi delle normative in psichiatria,* Relazione al Convegno nazionale sui «Progetti finalizzati di medicina preventiva» (Subprogetto malattie mentali) del Cnr, Roma, maggio 1978, in *La ragione degli altri,* a cura di L. Onnis e G. Lo Russo, Savelli, Roma 1979.
113. *Follia/delirio,* in collaborazione con F. Ongaro Basaglia, in *Enciclopedia Einaudi,* Torino 1979.
114. *Legge e psichiatria. Per un'analisi delle normative in campo psichiatrico,* in collaborazione con M. G. Gianichedda, International Congress of Law and Psychiatry, Oxford 1979 (Subprogetto prevenzione malattie mentali del Cnr).
115. *Vocazione terapeutica e lotta di classe: per un'analisi critica del «modello italiano»,* in collaborazione con O. Gallio, Convegno italofrancese di psichiatria, Istituto italiano di cultura, Parigi, novembre 1979 (Subprogetto prevenzione malattie mentali del Cnr).
116. Prefazione a *Das phantastische Theater des Marco Cavallo,* Suhrkamp, Frankfurt 1979.
117. Prefazione a *Il giardino dei gelsi,* a cura di E. Venturini, Einaudi, Torino 1979.
118. *A psyquiatria alternativa. Contra o pessimismo da razao, o otimismo da pratica. Conferencias no Brasil,* Brasil Debates, São Paulo 1979.
119. *Violence and Marginality,* in collaborazione con F. Ongaro Basaglia, in «State and Mind», vol. VII, n. 3, New Directions in Psychology Inc., Somerville (Mass.) 1980.
120. *Appunti per un'analisi delle normative in psichiatria,* Intervento al IV Incontro internazionale del Réseau di alternativa alla psichiatria, Cuernavaca (Messico), settembre 1978, in *Antipsiquiatría y politica,* a cura di S. Marcos, Extemporaneos, Mexico (D. F.) 1980.
121. *Conversazione: A proposito della nuova legge 180,* in *Dove va la psichiatria?,* a cura di L. Onnis e G. Lo Russo, Feltrinelli, Milano 1980.

刊行著書

1. *Che cos'è la psichiatria?,* a cura di F. Basaglia, Amministrazione provinciale di Parma, Parma 1967; Einaudi, Torino 1973.
2. *L'istituzione negata,* a cura di F. Basaglia, Einaudi, Torino 1968.
3. *Morire di classe,* a cura di F. Basaglia e F. Ongaro Basaglia, Einaudi, Torino 1969.
4. *La maggioranza deviante,* a cura di F. Basaglia e F. Ongaro Basaglia, Einaudi,

精神病院のない社会をめざして **バザーリア伝**

精神病院のない社会をめざして

バザーリア伝

Michele Zanetti
Francesco Parmegiani

ミケーレ・ザネッティ
フランチェスコ・パルメジャーニ

訳 鈴木鉄忠
大内紀彦

Basaglia
una biografia

岩波書店

BASAGLIA
Una biografia
by Francesco Parmegiani and Michele Zanetti

First published 2007 by LINT Editoriale srl, Trieste.

This Japanese edition published 2016
by Iwanami Shoten, Publishers, Tokyo
by arrangement with LINT Editoriale srl, Trieste.

目次

日本語版前書き　1

序論　なぜバザーリアを想起するのか　7
改革以前のイタリアの精神病院／バザーリアの思想と実践／バザーリアのトリエステ／本書の眼目

第一章　ヴェネツィアとパドヴァ　25
学問的な歩み／幼少期から青年期を過ごしたヴェネツィア／パドヴァ大学での日々／大学を捨ててマニコミオへ

コラム❶　フランカ・オンガロ　35

第二章　ゴリツィアとパルマ――37

ゴリツィアでの「啓示」／改革に着手／社会への告発／マニコミオ内外の反応／『否定された施設』の反響／自由を奪う「暴力の施設」／拘束衣の廃止／白衣を脱ぎ捨てる意味／問題の根底にあるもの／アッセンブレアの試み／反対派の攻勢／入院患者が引き起こした刑事事件／二重構造の精神医療／ゴリツィアでの成果／新たな治療法と新しい学の模索／アメリカ滞在の経験と教訓／パルマ精神病院院長に就任

第三章　トリエステ――79

新たな出発――ザネッティ県代表とバザーリア院長／変革の再開／院内の改革――反発と説得／改革の主人公、そして証言者――〈狂人〉たちの物語／対立と協力の構図／治療チームの結成／地域社会への帰還――住居、職業、市民権／バザーリアの人的ネットワークと文化活動／施設と地域の壁の破壊／根強い反対と組織的抵抗／地域精神保健サービスの発展／トリエステ精神保健サービスの現在

コラム❷　サン・ジョヴァンニのマニコミオ　131

コラム❸　青い張り子の馬マルコ・カヴァッロ　138

コラム❹　ウーゴ・グアリーノ　144

第四章　ローマとヴェネツィア――147
マニコミオの終焉へ――一九七八年「一八〇号法」の制定／トリエステからローマへ／「レゾー」とは何だったか／ローマでの改革／病の発覚／バザーリアの葬礼――ザネッティによる別れの言葉

イタリア語版前書き（クラウディオ・マグリス）　167
補遺　文献目録および書誌解題（フランコ・バザーリア）　181
フランコ・バザーリア関連年譜　213
訳者あとがき　217
文献目録

凡　例

- 翻訳にあたって、原文中の“ ”は「 」に、( )はそのまま( )に、書名・雑誌名は『 』で記した。
- 原文の説明を補うために、訳者が挿入した箇所は〔 〕で示した。
- 原著には小見出しと注は存在しないが、本書では加筆した。
- 「イタリア語版前書き」は、原著では冒頭に置かれているが、本書では第四章の後に移した。

日本語版前書き

フランコ・バザーリアと若き医師たちで構成されたチーム、そして、当時、私が代表を務めていたトリエステ県行政の後押しにより、前例のない精神医療の大転換が成し遂げられ、県立精神病院は閉鎖されるにいたった。その改革は、国際的に大きな反響を巻き起こした。そしてわずか数年後には、様々な理由からイタリア全土での施行が遅れていたイタリアの一八〇号法において、改革は早くも裏づけられた。

しかし、改革の幕開けは、平坦とは決して言えないものだった。マスメディアが改革の危険性を大々的に報じたことで、それに影響された世論の大半が明確な反発を表明した。さらに、政治や司法からの敵意、あるいは少なくとも当惑があり、また、同じ保健分野の多くの同業組合からの反対があった。そうした巧妙かつ執拗に繰り返される攻撃に立ち向かうために、一九七三年、バザーリアと私は、世界保健機関(WHO)のヨーロッパ地域の本部が置かれているコペンハーゲンへ赴いた。そして、地域を管轄する所長に事業の全容を報告した。その結果、トリエステはヨーロッパのなかでも数少な

い「精神保健のパイロット地区」に指定され、国際機関による定期的な観察の対象となった。

こうした後ろ盾は、実験的な取り組みを当初の姿のまま成功にまで導いた最も重要な要因のひとつだった。二〇〇〇年代の初頭になると、世界保健機関はトリエステの実験を取り入れたイタリア方式を「精神保健の権利擁護のための最良の手段であり、世界的に見てもあらゆる方式に示唆を与えるものである」と評価し、公式に推奨するまでになった。

この結果は大いに満足のいくものだったが、それ自体は、私たちが掲げた目的ではなかった。なぜなら、当初から——こうした認識は今日になっても間違っていなかったと思うが——、私たちは自分たちの地域の現実に対して、何か有効な手立てを講じようとしたのであって、それは、外部へ広めてゆくためのモデルではなかったからである。それにもかかわらず、トリエステの実験的な試みは、一貫性をもって完成された精神保健システムの実現として、これまでも、そして今日でも変わらず肯定的に捉えられている。

一方では、トリエステの実験が、より良い精神医療の実践だけでなく、コスト削減の可能性を実証してみせたことも確かである。精神病院を廃止して、急性期の病を抱えていたり、精神的クライシスにあったりという、危機的状況下の患者たちの受け入れ態勢と入院のための小規模で軽装備の避難所をつくり、そのそばに予防のための地域ネットワークを配備すればいいのである。なぜなら、心病む人々に寝間着を着せる必要などないからである。また他方では、真の改革の根拠と存在意義は、保健分野にかかわる文化の内側のみならず、それぞれの地域のなかの地理、経済、歴史のいずれにも見出されるのも確かである。それは、医師や医療従事者の人間形成や動機づけだけにかかわるものではな

いのである。

一九七〇年代初めのイタリアは、六〇〇〇万人弱の人口でありながら、精神病院の入院患者は、約一〇万人にのぼっていた。今日のイタリアは約七〇〇〇万人の人口だが、もはや精神病院は存在しない。世界保健機関の試算によれば、イタリアでは、市民の精神保健にかかわる権利擁護に充てられているのは、全保健予算の五％未満にとどまっている。ほぼすべての先進諸国が福祉システムの危機に瀕しているように、イタリアが直面している状況にも、今なお多くの問題や矛盾が重くのしかかっていることは明らかである。とはいえ、精神病院の閉鎖を決定して以降、状況は改善された。かつて自由、尊厳、権利を剝ぎ取られた人々は、それらを取り戻したのである。

これこそフランコ・バザーリアが私たちに残したものに他ならない。そしてこの活動こそ、外部に広めることができ、そうせねばならないものである。いつでもバザーリアは、自らの経験を他の国々で発展しつつあった取り組みに結びつけようとしたし、その術《すべ》を心得てもいた。そして、西ヨーロッパを皮切りにその後も活動を続け、彼の死後には、ヨーロッパ以外の大陸においても、後継者と協力者による活動が盛んに行われた。そうした国々には、例えばラテン・アメリカ諸国、中東諸国、さらに、共産主義体制の崩壊後のバルカン諸国が挙げられる。いかなる場合にも必ず主張されたことは、改革は――保健にかかわる目的であるだけでなく、それは、民主主義と文明をめぐる重要な闘いである――精神病院のような隔離施設の拒否から開始されなければならない、ということである。そうした施設とは、反治療的な施設であり、社会のなかのより貧しく弱い階層の人々を対象とし、被収容者の権利やさらには尊厳までをも剝奪する抑圧的な施設に他ならない。

当然ながら、バザーリアの思想と実践は、精神病院の否定――彼の著作のなかで最もよく知られ、各国で翻訳された『否定された施設』という表題がまさに物語っているが――に限定されたものではなかった。というのも、彼は誰にもまして反権威的な医療の構築を目指す模範的な心病む人々の擁護者であり、患者の回復の道のりにいつでも同伴するが、疾患そのものやその分類にはまったくの無頓着であり、病を抱えた人間のニーズにこそ注意を向ける人物だったからである。

彼の独自の貢献としては、アントニオ・グラムシとジャン＝ポール・サルトルの知識人論と専門技術者の論点をいっそう深めたことが挙げられる。科学が推定する中立性を悪用する強大で支配的な権力への従属関係から、専門技術者を解放するべく全身全霊を傾け、自分自身の専門的職務を自律的にまっとうするように呼びかけた。「実践知を備えた専門技術者」という表現によって、倫理的な要請とともに、広い意味での政治的な要請によってのみ応答するよう求めたのである。

フランコ・バザーリアは、二〇世紀を通じてイタリアが生んだ最も重要な文化人のなかの一人である。私の知るあらゆる思想家や文化人たちと比べたとき、際立って見える彼の特徴とは、刷新的な思想を築き上げそれを提唱しただけでなく、その思想を実効的な法律へと吹き込むことにより、その革新を完全に実現したことである。

また、この偉大な精神科医の知的な足跡も、極めて興味深い特徴を示している。彼は大学で徹底的に学術的な修練を積んだが、後にそれを捨て去った。そして、イデオロギーに基づくものではない、実践に重きを置いた別の方法を目指し、日々、具体的な成果を積み上げることでもう一つの道を創り上げていった。

本書の執筆者である私は、文才に恵まれているとはいえないが、トリエステの精神病院の指揮を委ねるために、バザーリアを招き寄せ、七年という期間、ほとんど休みなく、彼と協働で仕事に打ち込み、ついには、彼と心通わせる友人となった者である。その期間、目撃し、体験し、理解したことを証言として残したいと願った。今日、この伝記が翻訳され日本に紹介されることは、執筆者にとって身に余る光栄であり、本書を著した労苦も報われるというものである。

二〇一六年五月　トリエステ

ミケーレ・ザネッティ

ヴェネツィア　パドヴァ	第１章
ゴリツィア　パルマ	第２章
トリエステ	第３章
ローマ　ヴェネツィア	第４章

（作成：訳者）

序論　なぜバザーリアを想起するのか

改革以前のイタリアの精神病院

イタリアの精神病院は、一九七八年に法的に廃止が決定されて以来、三〇年の時を経て実際にその姿を消しつつある。より厳密にいえば、おそらく精神病院の「生き残り」はまだ曖昧なかたちで存続している。しかし、近代文明が一世紀以上かけて作り出した全制的施設[1]であるマニコミオ[2]を、後になってフランコ・バザーリアが初めて否定し、ついには解体するにいたった。その苦々しくも壮絶な現実とはどのようなものだったのか。それを前置きとして簡潔に述べておくのがよいだろう。また偉大な精神科医であり教養豊かだったバザーリアという男の生涯が、マニコミオに代表される全制的施設との闘いと分かち難く結びついていることを考えれば、こうした解説を加えるのはなおさら適切だろう。というのも、もはやイタリアでは、精神障害に苦しむ人々の間でも、自分は正常であるといえる人々の間でも、あるいはそれを強く主張する人々の間でも、バザーリアが成し遂げたことや彼の存在を直接知り、彼と関わりを持っていた者は、少なくなっているからである。

一九六一年にバザーリアがゴリツィアの精神病院の院長に就任した当時、イタリアの精神病院は社会から隔絶した強制収容の世界だった。そこは、社会で暮らす正常で生産性のある人々が、考えうる

限り最大限の安全性を確保できるように、精神錯乱者を監視し封じ込めるための規則で管理されていた。この施設は、患者の治療と監視の権限が法的に与えられている保健局長によって治められていた(そこでは治療よりも監視が重要視されていることは明らかだった)。また司法の責任者は、〈狂人《マット》〉(3)にとって治療面で本当に必要とされている医学的診断よりも、患者の社会的な危険性や人々への不利益に、いっそう配慮した医学的診断の妥当性を認めていた。

この施設では、患者は市民権を奪われ、事実上終わりのない監禁状態にあり、服従させられ、繰り返し暴力行為を強いられていた。実際、新聞はマニコミオでの生活を、到底受け入れられない横暴が野放しにされていると評していた。そこでは、患者たちが強制的に労働させられ、彼らにはその報酬として、わずかな金銭か数本のタバコが形式的に与えられていただけだった。名目上は、彼らは作業療法を行っていることになっていたので、そこでは精神科の看護師や付き添い人の行うべき仕事がしばしば省かれていた。さらにマニコミオでは、性別によって厳格に男女の棲み分けがなされ、同性愛が広がることともなった。また精神状態の急性さの程度、あるいは落ち着いた状態か、興奮状態か、清潔か、不潔かなどといった精神病の病状に応じて、患者は異なる病棟に振り分けられていた。そして患者への対応は、医療とはかけ離れていて、宿泊施設のやり方のようだった(病棟が分かれているにもかかわらず、どの病棟であっても代わり映えのしない食事やサービスが、一律に提供されていた)。こうした患者への対応は、治療の必要性に基づいたものではなく、あらかじめ定められた規則に対して、患者が従順であるか否か、という賞罰の論理によって考案されていた。つまり、施設内の規律や平静さを確保するためのものだった。

また物理的な環境という面では、患者たちには考えうる限りのあらゆる問題が生じていた。そこでは定期的に掃除が行われていたが、それはいい加減なものだった。人間の排泄行為にともなう耐え難い悪臭が充満していた。壁や床や天井が吸い込み続けてきた悪臭は、その後長い時間が経っても、消え去ることはなかった。

さらに深刻な問題は、マニコミオのなかで病と格闘しながら隔離されてきた人々と、医師や看護師など、そこで働いていた者たちに関することだった。患者を治療するために採用された医師たちは、賞賛されるべき数人の例外を除いて、たいていの場合、満足のいく水準で医療の専門性を発揮させようという動機を欠いていた。こうした態度は、後で述べる粗野ででたらめな医療の方法論を用いない場合でも同じだった。マニコミオで働く精神科医たちが事前に作成済みであったカルテにほんの少しだけでも目を通せばよいものを、そこではほぼ日常的に形式的で専門性を欠いた治療が繰り返されていた。

患者の世話や管理のために採用された看護師たちも、例外を除いて、刑務所の看守のような役割を担っていた。患者にとっての看護師は、身近にいて治療を施す者ではなく、ベルトにぶら下げられた鍵の束を持った特殊な要員だった。その鍵は、日々行われる回診の際、患者の後ろ側で、彼らの行く手を阻んでいる扉を厳重に開閉するためのものだった。さらに想起されるのは、精神科の看護師が、単に健康かつ丈夫であることを基本的な資質として雇用されていたことである。ほとんどの場合、看護師には、肥満の傾向があった。というのは、極端に身動きの少ない勤務時間中、間食を続けることが、患者をただ監視し管理するという、単調な職務の退屈さを紛らわすための数少ない方法の一つだ

ったからである。

院内の最大の腐敗は、「自傷他害の恐れがある」とみなされた患者本人が、明らかに被害を受けるものだった。そうした人々は、本来ならば治療を受ける必要があったにもかかわらず、施設によって暴力的に飼い慣らされ、精神科施設で症状を悪化させていた。この残酷な論理のなかで——それは一見したところ理に適っているようでいて、しかしまったく非論理的なものである——マニコミオでは、患者を一定期間拘禁し、その結果として病を慢性化させていた。その病のせいで、患者自身が、もはや社会の一員ではいられない落伍者と見なされるだけでなく、顔つきや動作といった身体面にも暴行を受けた影響が表れ続けるなど、負の烙印を押されたり心に傷が残ったりということがしばしば生じていた。

さらに忘れるべきでないのは、今日のトリエステでは、精神保健サービスをあらゆる社会階層の患者や家族が実際に利用していることである。というのも、精神病院が隆盛だった当時は、病院の受け入れは、中流階級以下の社会階層の人々だけに厳しく制限されていた。それに対して、裕福な家であれば、スイスにあるような高額な私立の専門の医院にノイローゼ患者を入院させられたように、ほぼどんなときにでも精神の病を治療できる可能性があった。

別の面では、精神病院が社会の中でどう扱われているかは、その社会のあり方をよく表していた。農村型のヨーロッパ社会は、急激な産業化へ乗り出していた。こうした急激な変化のなかでは、社会にとって危険だとみなされた人間、あるいは社会の役に立たない非生産的な人間といった方がいいのだろうが、ともかく、そうした人々を社会から隔離し追放するという社会的イデオロギーが採用され

ていた。また農村型の社会では、慣例として、マニコミオが設置されてきた町の周辺地域が、仕事や商業の流通の場となり、さらに利害や権力の中心的な機能を担うようになっていった。しかし、たいていの場合、責任ある立場の管理者たちは、実際に彼らが責務を負っている精神病院施設の社会保健的な側面の現実の移り変わりには、ほとんど目もくれなかった。むしろ人材の雇用、食料品や衣料品の調達あるいはホテル業で必要とされるような数々の仕事、つまり関連施設の運営に関わる業務に相変わらず関心を示していた。

その頃、マニコミオの存在を徹底的に批判し否定する思想が芽生えてきた。そして、その周辺では、マニコミオ無用論が育ち始めていた。さらにマニコミオの経済面での有害性、つまりマニコミオは浪費の元凶であり、増大する経営コストに対して、社会的にも経済的にも見合わないという認識もあった。

ところで、後に述べる第二次世界大戦中のイギリスの試み、そして〔イタリア中部の〕アンコーナの試みも同様だが、こうした地にあった精神病院は、爆撃によって病院が破壊された。その結果、健康な人々と精神に問題を抱えた人々との間で、トラウマを負うことなく共同生活が営まれることになった。こうした経験は、マニコミオに代わる案の追求という点で、すでに見過ごすことのできない手掛かりを提供していた。

バザーリアの思想と実践

まさしくこうした重大な局面において、フランコ・バザーリアの思想は形成された。彼がその思想

形成に役立てたのが、パドヴァ大学で伝統的に受け継がれてきた臨床医学上の蓄積だった。さらに、ジャン゠ポール・サルトル、[4]メルロ゠ポンティ、[5]フッサール、[6]ハイデッガー[7]といった人々にも霊感を与えた実存主義や現象学といった重要で豊かな哲学的知識の集積だった。また彼は並外れた器の大きさと、一人の人間としてまた社会的な存在としての繊細さを兼ね備えていた。こうした彼のすべての資質が、病それ自体ではなく、病を抱えた人間を最重要視させた。

バザーリアは鋭い社会学的な関心を抱き、広い意味での政治的な社会参加《アンガージュマン》を実践した。そのおかげで、専門家という枠組みから抜け出し、社会に対する普遍的な視点を獲得することができた。さらに、彼は心の内で、知識人の役割に対して、また社会のなかの専門技術者であり傑出した知力と権限を授けられた医師という役割に対して――ここでいう医師が持つ権力とは本来的な意味においてのものであり、すでに支配的な勢力となっている政治権力に迎合したものではない――ある見通しを獲得したのである。

そうした状況下の現実と近代性については、おそらく今までのところ包括的な分析が試みられたことはない。バザーリアは、グラムシ[8]が定義したところの、支配階級における有機的知識人[9]としての役割を果たすことを拒否した。それればかりか、彼が政治的な指図を無批判に受け入れることをも当然のごとく拒絶したことで、生涯を通して、対立する物事の間で、常に選択を迫られる羽目になった。

こうしたバザーリアの信念がもたらした主な成果は、責任の所在を明確にしながら、技術者の専門性に大きな価値を置いたことだった。専門技術者には、いつでも批判精神を忘れず仕事に励むことが要求された。これはフランコ・バザーリアが、彼の協力者たちに教えた優れた実践のなかの一つだっ

た。こうして協力者たちは、既存の職務分担やあらかじめ決められた手順書が、必ずしも信頼に値するものではないことを学び取った。こうしたことは専門技術者たちが、いかなる状況でも職務をまっとうするために必要であり、また彼らが自律した立場で、決定責任を手にする者と対話するために必要なことだった。政治的危機に陥り、混沌とした変容が進む現実のなかで、バザーリアが思想面だけでなく実践を通じて時代の先駆けとなったことは、積極的に評価すべきことの一つだろう。

おそらく現在でも言えることだが、精神医学という分野は、過去にどれほど自己批判力を欠いてきたことか！ というのは、神経科学の分野では進歩が認められるにもかかわらず、精神医学の分野では、学説すらしばしば曖昧なままで、しかも他の医学領域と近接しているために、いっそのこと神経疾患を研究する学問と自己規定すべきほどである。さらに、患者やその家族の傍らにも、そして職責を負っている専門技術者の傍らにも、ビジネスと癒着し、それに染まった精神医療がこれまでにどれほど多く存在し、それが今なお変わらぬままか！ こうした実情は、ほとんど回復が期待できない病の治療依頼でも、それがあたかも購入可能な商品と考えられていることに表れている。また他の診療科の医師たち以上に、製薬会社から催促される精神科医の対応も同様である。医師たちは、しばしば非理性的であり感情と結びついた精神の病にかかわる医療サービスを、金銭的に計算するように促される。しかしそのサービスは、臨床医学や生物学、あるいは実験室での分析の根拠に基づいて検証できないものなのである。

実際にバザーリアは、精神疾患や精神医学という窮屈な図式から狂気を引き離すことに貢献した。狂気は明らかに一連の現象を示しているが、そうした現象は、これまでの精神に関する研究がもたら

した、疾病分類学上の相対的に乏しい知見で理解されていた。しかし、狂気は、家族、仕事、環境などを含む社会的要因、男女間の性差、そして人々の言葉づかいや信仰上の側面なども表す一連の現象なのである(なお精神と身体の峻別《しゅんべつ》については、キリスト教以外の考え方も思い出しておくのがよい)。

人間生活と社会生活の全体に関わる現象の出現を、たとえそれが不安をかきたてるものであれ、医学的な分類に還元してしまうような科学を過信することを、バザーリアは糾弾した。それが治療も施されないままマニコミオに閉じ込められていた繊細で困難を抱えた多くの人々に対して、苦しみを増大させる原因となっていたものだった。

当然ながらここで必要になるのは、社会の各発展段階やその結果としてつくられる保健的な治療のあり方についての認識と批判的な判断力を持つことである。もしバザーリアと行動を共にし、マニコミオのもつおぞましさと汚辱を拒絶できる、あるいはそうしなければならないならば、精神医療施設は、〈狂人〉を木に縛りつけるやり方──世界のある地域では今日でもそうしたことが行われている──よりは間違いなくましだということになる。あるいは中世社会の孤児院で〈狂人〉があらゆる除け者たちといっしょくたにされ、後には監獄のなかで罪人と同じように収容されていたことに比べればましだった。なお一九世紀の初頭になり、フランス人医師フィリップ・ピネル(10)がこうした患者たちを監獄から解放したことから、精神医療の誕生が歴史に刻まれることになった。

バザーリアのトリエステ

さてここで、フランコ・バザーリアの思想と仕事が提起した多くの疑問のうちとりわけ難解な問い

に対して、答えることができるかもしれない。バザーリアがゴリツィアとトリエステで仕事をしたことに、たとえ理由があったとしても、それがどれほど重要だろうか。ともかくバザーリアは、それらの地で人生において最も意義深い体験を積んだのである。

前世紀の初頭、トリエステのサン・ジョヴァンニ地区では、「世界で最も美しい」と称えられた精神病院が建設された。ここではマニコミオという過酷で抑圧的な環境はあるものの、普段は従順で協力的な患者は、人間として扱われ配慮されていた。その意味では、精神病患者への待遇は進んだものだった。さらに文化面でも発展があったのは、精神分析を専門とする職員として、エドアルド・ヴァイスの名があったことである[11]。彼はウィーンでジークムント・フロイトの弟子となり、サン・ジョヴァンニ精神病院では、初代の精神科医を務め、またイタリア精神分析学協会の創始者となった[12]。その後、彼は人種的な迫害を受けたために、成功を携えてアメリカへ移住した。ちなみにイタロ・ズヴェーヴォの作品『ゼーノの意識』[13]は、当時の学問的な潮流から着想を得ており、精神分析と結びついた思想を取り入れた最も卓越した文学作品の一つと位置づけられている(今日では、もはや精神分析が文化的潮流の中心を占めているとはいえないけれども)。

ここでは、存在の有無が不確実な相互関係をあえて取り上げることはしない。しかしほぼ間違いなく言えるのは、トリエステはフランコ・バザーリアにとって文化的にも環境的にも、相当に恵まれた場所だったということである。たとえ両者の間に宿命的な対立があったとしてもである。トリエステでは、はるか昔から存在してきたものと、現在でも残されているものとの共存のモデルを前提にしてはいなかった。むしろ根本にあるのは、施設への市民の配慮であり、精神的苦痛と〈狂人〉に対する特

有の向き合い方のなかで、この町が常々表明してきた底知れない寛容さだった。

本書の眼目

本書では、フランコ・バザーリアの私的な生活についてはさほど語られていない。その代わりに、彼の成し遂げた事柄について多くの紙幅が割かれている。なお彼の学問分野での業績を批判的に読み進めるには、トリエステの二人の優秀な研究者――精神科医マリオ・コルッチと哲学者ピエランジェロ・ディ・ヴィットーリオ――が二〇〇一年に著した『フランコ・バザーリア』を参照するのがよいだろう。その二人の著者が正当に記した内容を過小評価するものではないが、そこに書かれたフランコ・バザーリアの学問上の思想がいっそう研究され、さらに深められるべきであることは疑い得ない。いずれにしても、ある一人の人間が辿ったおそらく唯一無二の道のりについて、語らぬままでいるべきではないだろう。その道のりは、一人の大学教員が大学の世界を去った後、辺境の精神病院に赴任し、そこで「手を汚して」働いたというものだった。まさにバザーリアは、自ら行動して事実を示すことで、科学的であろうとしていた精神医療に対して、その無根拠さ、誤り、有害性を実証してみせた。精神医療は、よりよい健康状態を追求するそれぞれの領域の実践のなかで、努力を続ける各医学分野と同じように歩んできた。それでいて保健衛生上の目的から、マニコミオが必要であるという正当性をいつでも主張してきたこと、というより、それを当然のものとして訴えてきたことを指摘しないわけにはいかない。

バザーリア以後、もはや精神医学は以前のままではあり得ず、事実として以前のままではない。な

ぜなら精神医学は、マニコミオを持たない医学となったからである。

また二〇〇五年に亡くなった妻フランカ・オンガロとの類まれな結びつきは、夫婦としても知的な面でも、かけがえのないものとして記憶されるべきだろう。フランカ・オンガロは英語の翻訳者だったが、それ以上に、夫とともに二人三脚で活躍した作家であり批評家だった。彼女はバザーリアにとってある種の文化的な伴走者であった。世界の多くの国々で数々の言語に翻訳されている二人の著作の重要な部分についても、二人のうちのどちらが記述したのか、見分けるのが難しいほどである。

フランカ・バザーリアは、夫フランコとの間に授かったエンリコとアルベルタという二人の子の母親だった。父であるフランコ・バザーリアは、旧来のものに取って代わる精神医療の確立という壮大な冒険に挑んでおり、これをどのように組織し、どのように普及させるのかという難題に頭を悩ませ、ときには何かに取り憑《つ》かれたような状態だった。そのため子供たちの世話を焼けないことをいつも嘆いていた。フランコ・バザーリアの父についても同じことがいえた。バザーリアの父は、激務に追われ、重要で多額の利益をもたらす経済活動に没頭していたので、バザーリア自身は母と祖父母に育てられた。

二人の姉妹がいるだけで、男兄弟のいない二番目の子供だったフランコ・バザーリアは、青年時代を通じて、内気で独り閉じ籠もりがちの、ましてや進んで人前で話すことなどない子供だったと記憶されている。

彼が精神医療の改革に乗りだしたのは、結婚後まだ間もない頃だった。そこでバザーリアは、精神病者を解放する擁護者へと、そして既成概念に反対する知識人へと、さらに人を惹きつける魅力を備

え、トリノやパリ、ウィーン、ブラジルのサンパウロなどの各地で人々を熱狂させる男へと変貌する必要があった。彼はまさしく護民官のような役割を担い、ほとんどどこへでも出掛けて行った。彼の身近にいた者にはよく理解できたことだが、バザーリアは批判精神を持ち続けながら、重要な仕事を具体的に展開させてゆくのを期待されていると自覚して行動していた。また、とりわけ若者にはあらん限りの援助を捧げた。その援助に応えるかたちで、イタリア国内外から多数の共鳴者が押し寄せてきた。彼らはバザーリアが信頼に足る寛大な人物で、彼こそが実現可能なユートピアの建設者であると考えた。そして彼を、人々を熱狂させ、批判的な精神で文化を挑発する者であり、若者が切望するものに常に心を開き、若者のやり方や興味に対して好奇心を抱く人間であると見なしたのである。

バザーリアは背が高く頑強な男だったが、少しよたよたした感じで、服装はもっぱら簡素で、動きやすく洗練されたものを身に着けており、性格は陽気だった。彼は物事の奥深くを見据えるまなざしと人を巻き込むような善良さを生まれ持っていた。そして低く魅惑的な彼の声は言語の壁を越えて、外国人をも聞き入らせ納得させてしまうものだった。たとえヴェネツィア方言で話しても外国人に思いが伝わるだろう、と友人たちは冗談交じりに話していた。フランコ・バザーリアはサン・ポーロ地区生まれの根っからのヴェネツィア人だった。彼自身は国際人でもあり、故郷ヴェネツィアからは美しいものに対する審美眼を授かっていた。そして教養豊かで洗練された様式で自宅を飾り立てていたアンティーク品への彼なりのこだわりをもっていた。

バザーリアは幅広い文化的・美的関心を持った男だった。しかし、人生の中盤や終盤にさしかかると、時には度を越していると言えるほどの彼自身の積極的な行動姿勢に阻まれて、そういった関心に

磨きをかけることは叶わなかった。彼は目前に長い人生が待ち構えてはいないことをあたかも察知していたかのようだった。

その他の彼の個人的な資質については後に語るつもりだが、彼の一つの天分についてはもう少し補足しておきたい。なぜならそれは、彼の思想についての誤解や無理解を招く原因となってきたものであり、現在でもそうした事態は変わっていないからである。それは彼の言葉の伝達者としての能力である。彼は他者に何かを授ける能力に恵まれていた。大勢の人々とコミュニケーションを図る方法に関して、ずば抜けた感性を持っていた。彼はその方法を簡潔だがしばしば挑発的なやり方で、偏見や紋切り型の思考を覆すような、挑戦的なメッセージを発信するために用いた。彼は自分が一度も表明したことのないこと、あるいは自分の思想に反することを他人が主張したとしても、それを決して否定しなかった。それは精神病は存在しないという主張に関しても同じだった。ここではいったん主張したことに訂正を加えたり、撤回したりすることのジャーナリスティックな効果への評価はひとまず置いておこう。バザーリアが挑発的な役割を演じることで、議論を呼び起こし、それが彼の行動を際立たせ、論争を煽っているという言い分が、誤って彼の責任に帰せられるのを彼は受け入れていた。こうした行動は必要不可欠であり、積極的に行うべきであると彼は判断を下していた。

ベロ・オリゾンテのブラジル医学協会の会合において、バザーリアは、明らかな意図をもった質問への返答として、決然と次のように主張した。「精神病など存在しないと述べる精神医学に対して、私は責任を負えません。その責任は当の精神医学にあるのであって、その精神医学自体の問題なのです。私は精神病が存在しないなどとは、これまで一度たりとも述べたことがありません。ここでは別

の議論をしたいのです。私は精神病という概念を批判しますが、狂気を否定したりはしません。なぜなら狂気とは、一つの人間の条件だからです。問題は、この狂気にいかに立ち向かうのか、私たち精神科医はこの人間らしい現象にどういった姿勢で向き合うべきなのか、そしてこの欲求にどのように応えられるのか、ということなのです。私たちは今までに出された回答のすべてが間違いであること、そして狂気を合理化する精神病という概念が馬鹿げたものであることを確認しました。間違っているのではなく、馬鹿げているのです。たとえば、統合失調症とは、統合失調症の患者から一定の距離を取るために、つまりその患者に対して権力を持つために、単に医師にとって都合のよいレッテルを貼るのと同じことなのです。[14]」

伝統的な精神医学に対してバザーリアが行った批判は、イデオロギーが入り乱れ、急進的な異議申し立てがなされた時代には、その解釈や適用の方法がまるでスローガンのように単純化されることもあっただろう。しかし彼の批判は、当時の歴史的背景のみならず、あらゆる全制的施設を相手にした闘いが、まさにそこから始まったという視点からも位置づけられねばならない。これは紛れもない事実である。残念なことは、今もなお専門家といえる解説者やバザーリアのかつての協力者の一部が、彼の無防備さや狂気の政治利用、さらにひどいものでは、非科学性や無教養さといった間違った理由で彼への批判を続けていることである。こうしたことは、巻末の文献目録に掲載されている彼の著作に一度でも目を通せば避けられることであろうに。

八月末の暑さで蒸しかえるある日の午後のことだった。フランコ・バザーリアは、トリエステ―ヴェネツィア間の鉄道を破壊した夜半からの集中豪雨が降り止むのとともに、私たちを残して逝ってし

まった。それから三カ月ほど後には、彼の家に一人の男の子が誕生している。エンリコ・バザーリアとエンリカ・バザーリアとの間に生まれた子で、バザーリアにとっての孫である。〔バザーリアと同じく〕フランコと命名されたその男の子も、今では三〇代にさしかかっている。バザーリア家の年長者たちとは異なり、孫のフランコは、世界の何たるかを指し示し、そして理解に導いてくれる祖父を持つことが叶わなかった。

（1）カナダの社会学者アーヴィング・ゴッフマンの用語。精神病院や監獄のように、大多数の人々の日常生活を、長期間にわたって社会から隔離収容し、形式的に一括管理する場所。精神病院の廃絶を推し進めたバザーリアにとって重要な概念であり続けた。

（2）「マニコミオ」は、精神病院に対する軽蔑的なニュアンスを含む俗語表現である。バザーリアは、精神病院が「治療の場」ではなく、入院患者の自由を奪う「施設化の場」であると主張し、用語を使い分けていた。原文で「Manicomio」と記されている場合はそのまま「マニコミオ」と訳出し、「精神病院《オスペダーレ・プシキアトリコ》（精神科病院）」という公的に使用されている名称と区別した。なお、日本では二〇〇六年六月の「精神病院の用語の整理等のための関係法律の一部を改正する法律」の成立により、法文のなかの「精神病院」を「精神科病院」に変更することが定められた。しかし本書では、本文で言及される過去の施設収容の事実のみならず、日本語版序文と序論において、地域精神保健の実現を遅らせる諸要因や施設収容的な現実が存在することを批判する著者たちの主張を考慮し、あえて「精神科病院」ではなく「精神病院」の用法で統一することにした。

（3）〈狂人《マット》〉という語彙《ごい》は、精神医学的な疾患が強調される現在の文脈のなかで、理性的な判断ができない者を指す言葉として、強い否定的な意味合いをもつ。しかし本書では、「精神障害者」や「精神病患者」と区別されて、この表現が用いられている。著者のミケーレ・ザネッティによれば、こうした語彙の選択には主に二つの理由がある。第一に、バザーリア自身が〈狂人《マット》〉という言葉を好んで用いたことにある。理性と狂気を併せ持っているのが人間という存在であり、両者を分離することはできないというバザーリアの思想が反映されている。第二に、バザーリアとザネッティが変革を進めたトリエステの社会文化的な文脈が関係している。この地域では、〈狂人《マット》〉という用語には、一般的

に他の地域で用いられるときのような否定的な意味合いは込められていない。こうしたことを考慮して、原文で「matto」と記されているときは〈狂人《マット》〉と訳出した。

(4) サルトル　Jean-Paul Sartre　一九〇五—八〇　フランスの哲学者、作家。知識人の積極的な政治・社会参加《アンガージュマン》を実践し、第二次世界大戦後の代表的知識人として広く影響を与えた。バザーリアはサルトルを敬愛し、直接的な面識も持った。

(5) メルロ゠ポンティ　Maurice Merleau-Ponty　一九〇八—六一　フランスの哲学者。第二次大戦直後の実存主義と一九六〇年代以降の構造主義を橋渡しする重要な役割を果たした。

(6) フッサール　Edmund Husserl　一八五九—一九三八　ドイツの哲学者。二〇世紀初頭前後の「諸科学の危機」の時代に現象学を確立し、その後の人文・社会科学に深い影響を及ぼした。

(7) ハイデッガー　Martin Heidegger　一八八九—一九七六　ドイツの哲学者。『存在と時間』の大著で二〇世紀の代表的思想家とされたが、ナチスへの関与を問われ、戦後は公の舞台から姿を隠した。

(8) グラムシ　Antonio Gramsci　一八九一—一九三七　イタリアの思想家、運動家。共産党創立を指導し、反ファシズム闘争を率いたが、一〇年あまりの投獄生活の後に死去。代表作に『獄中ノート』がある。

(9) グラムシの用語。自らの属する階級、運動の利害、そして支配権を最大限に拡げるべく、たえず社会に働きかける知識人のこと。

(10) ピネル　Philippe Pinel　一七四五—一八二六　フランスの精神医学者。近代精神医学の祖とされ、フランス革命後にパリ郊外の病院で鎖につながれていた精神病者を解放したことで知られる。

(11) ヴァイス　Edoardo Weiss　一八八九—一九七〇　トリエステのユダヤ系精神科医。ウィーンでフロイトに師事。イタリア初の精神分析入門書の刊行や協会創設などにより、イタリアでの精神分析の普及に努めた。一九三九年の人種法によりアメリカへ移住、シカゴで実践と研究活動を続けた。

(12) フロイト　Sigmund Freud　一八五六—一九三九　オーストリアのユダヤ系精神科医で精神分析の創始者。精神医学や社会・人文科学の分野のみならず、文芸にも多くの影響を及ぼした。

(13) ズヴェーヴォ　Italo Svevo　一八六一—一九二八　トリエステのユダヤ系小説家。本名はエットレ・シュミット。約二〇年間銀行に勤務しながら作家を志す。親交のあった作家ジェームズ・ジョイスの尽力で作品を発表。精神分析をいち早く取り入れた彼の作品は高い評価を得た。『ゼーノの苦悶』(原題『ゼーノの意識』)や『トリエステの謝肉祭』

の邦訳がある。

(14)　この時の受け答えは、『ブラジル講演』に収録されている。バザーリアの返答は、会場からの以下の質問に対するものである。「理論的には精神病者について社会学的な議論をするのも良いでしょう。健康の問題への他の見方を提示できるのですから。しかし私には、トーマス医師と実際に働いた経験があります。彼はリオ・デ・ジャネイロにいた人物で、精神病など存在しないし精神科医はペテン師だといって、聴衆の注目を一身に浴びました。その後、コッパカバーナに移り、精神分析医として精神病者の治療にあたりました。ここで私がお尋ねしたいのは、バザーリア氏はどのような立場に立っているのかということです。理論的な議論をしたいだけなのですか、それとも実際の課題に取り組みたいのですか。単に施設を開放するだけでは解決になりません。なぜなら、こうした人々は、結局社会の周辺に追いやられるからです。さらに精神病の存在を否定するのは結構ですが、現実には精神異常や統合失調症などは存在しています。父親を攻撃した統合失調症患者を前にしたら、バザーリア氏はどう振る舞うのか、お教え願いたいと思います。」

第一章 ヴェネツィアとパドヴァ

学問的な歩み

一九八〇年の八月末、フランコ・バザーリアが脳腫瘍に倒れたとき、彼は五六歳だった。当時のバザーリアは、深い科学的知識に加えて、長い期間にわたる臨床学的経験とマニコミオでの実践的経験にも恵まれ、その知的成熟がまさに頂点に達しているところだった。それゆえ、今日の平均寿命と比べてもあまりに早い死が惜しまれた。しかし、彼は短い生涯のなかで、人生に生きづらさを抱え、障害や精神疾患といった健常者との相違に苦しむ少なからぬ人々を解放へ導くなど、多くの点で先駆者としての重要な役割を果たした。

バザーリアの学問的な歩みについては、彼が採用試験の候補者に名を連ねた際に作成した履歴書から知ることができる。その経歴は一見したところ対照的だが、互いに補い合う二つの時期に大別できる。その第一期は、基礎的な教養を身に付けるための修業期間であり、精神医学の学位取得と専門課程の修了に専念した時期だった。大学で学問的な研究に励み、イタリア国内外の研究者や専門家と交流を重ねた。精神病の治療において、革新的な方向性を次第に発展させていったのもこの時期である。バザーリアが属していたのは、当時の主流であったパドヴァ学派だった。彼は、そこで行われていいた

治療の代替案となる研究動向を好奇心旺盛に、粘り強く追究し、そのなかで革新的な方向性を見出していった。

　こうした時期に彼の「理念」は根づき熟していった。まずは精神病とは何かを理解することであり、続いて伝統的な体系を乗り越えるための解決策を見つけ出すことだった。それは、いわゆる健常者たちが抱く、根深い恐怖心のせいで、特異な人間性をもっていると見なされた人々、拒絶されいつでも絶望の縁に追いやられ、見捨てられてきた人々に捧げられていた。あるいは、誠実さを欠いた怠慢や、しばしば「社会的な都合」による選別を理由にして、故意に忘れ去られてきた人々のためのものだった。

　バザーリアが突き進んでいった方向は、夢物語のように見えたが彼にとっては深い確信に支えられたもので、非論理的なものではなかった。数年後、彼の同僚のある若い精神科医が「よいアイデアが浮かびました」と言いながら、突然バザーリアの部屋に駆け込んできた。しかし、彼は厳しい調子でこう言い放った。「よいアイデアを思いつくことなど、そうあることではないのだよ。おそらく君がそう思い込んでいるに過ぎないのだろう。いいかい、本当に優れたアイデアを考え出すには、一生を費やしたって足りないくらいなのだ。」バザーリアはその言葉通りに、自分自身の「理念」を練り上げるため、全生涯を捧げたのだった。

　バザーリアの学問的な歩みの第二期では、最終目標である、患者たちを社会復帰させるという真に革新的な解放計画が、少しずつだが実現に向かっていった。足枷《あしかせ》が解かれ、「拘束衣」を脱ぎ捨てれば、患者たちは自分たちの属する地域社会のなかで、ほぼ当たり前の生活を営むことが可能で、たと

えそれが難しくても適切な支援があれば大丈夫だと、バザーリアは強く確信していた。こうした二つの時期は、バザーリアがゴリッツィアの精神病院の院長に就任した一九六一年が境となるだろう。

幼少期から青年期を過ごしたヴェネツィア

一九二四年三月一一日、フランコ・バザーリアはヴェネツィアで生まれた。彼の幼少期は、その後の青年期や壮年期と比べると、いくつかの面で別人のようだった。幼い頃は、口数も少なく気難しい性格で友人も少なかった。しかし、大きくなるにつれ、聡明な話好きの青年へと成長し、幅広い文化的素養を身につけ、鋭いユーモアセンスを備えた、まさにヴェネツィア人といえる男になっていった。

幼少時のバザーリアは、権威主義的な性格の父親との関係に問題を抱えていた。

ヴィチェンツァ出身のバザーリアの母親は、薬剤師を生業としていた家系の娘で、知性溢れる女性だった。少し個性的なところがあったが、文化的なものをこよなく愛する人だった。

バザーリア少年は祖父母との結びつきがとても強かった。なかでも母方の祖父との関係が深かった。薬剤師だった祖父は、ヴェネト地方に出回り始めたばかりの乗用車を所有していた。祖父はバザーリア少年を車に乗せては、クラクションをかき鳴らして町や郊外を駆け巡った。そして医療関係の専門職に就いている人々を見つけると「見てごらんよ、あの間抜け面！　一体あいつらは何様？　薬剤師様？　それともお医者様？」といって痛烈にからかった。

高校生活が終わろうとする頃、同年代の仲間との最初の長きにわたる交友関係は、バザーリアに大きな選択をさせた。それはファシスト独裁政権への抵抗という、彼にとって初めての政治的な選択だ

った。そして、そのままレジスタンス運動に参加するようになった。しかし、独裁政権の反逆者となった若き大学生たちは、仲間内の一人によって密告されてしまう。そして彼らはそろって、サンタ・マリア・マッジョーレ島の刑務所で囚われの身となった。バザーリアは終戦までの約六カ月もの間、この場所に拘留された。彼自身が認めているように、まさにこの刑務所で強いられた体験のせいで、バザーリアの心中に閉鎖的な収容施設に対する強い嫌悪感が芽生えるようになった。その後、父親の友人である医師の好意的な診断のおかげで、バザーリアは病院に入院することになり、そこで拘留期間の最後の一カ月間を送った。

ヴェネツィア出身の仲間のなかには、後に建築家でヴェネツィア大学教授となったジョルジョ・ベッラヴィティス、漫画家で『コルト・マルテーゼ』の生みの親であるヒューゴ・プラット(1)、そして、著名なジャーナリスト兼作家となる若き知識人で当時バザーリアの妹の一人に熱を上げていたアルベルト・オンガロ(2)などが顔を揃えていた。

パドヴァ大学での日々

高等学校を終えた若きバザーリアは、パドヴァ大学の医学部に入学した。当初の二年間は、戦争の影響で活動が限られていたため、あらゆる分野の書物を読み漁《あさ》ることに専心していた。しかし、続く四年の間に学業の遅れを取り戻し、小児神経生物学に関する論文を書き上げて無事に大学を卒業した。

二二歳になったバザーリアは、アルベルト・オンガロとの友達付き合いをきっかけに、一七歳を迎えたばかりのオンガロの妹フランカと出会った。その後、二人は結婚に至るまでの七年間、交際を続

けてゆくことになった。

人民戦線の活動がまさに最盛期となっていた大学時代、バザーリアはわずかな期間とはいえイタリア社会党に入党し、プラハで開催された青年大会にも参加した。彼の人生において、何らかの政治団体に所属するのは、この機会が最初で最後だった。

バザーリアが「神経精神疾患」に関する専門的な研究を行ったのは、彼が二九歳の時だった。この年バザーリアは、彼にとって有能な協力者となるフランカ・オンガロと結婚した。彼女は、バザーリアが人生で直面する重大な決断を迫られる場面において、彼を支えていくことになった。マニコミオ

社会全体が戦争に向かっていた時代に，フランコ・バザーリアは高等学校を卒業した．写真は1943年にヴェネツィアで撮影されたもの．学友2人に挟まれているのがバザーリア．レジスタンスの地下活動に関与したことで密告され，投獄される間際だった．彼自身が後年になって語っているように，拘留時に受けた恐怖体験から全制的施設に反対し，医療や社会，そして政治参加へと向かうことになった．高等学校卒業後，バザーリアはパドヴァ大学医学部に入学し，同学部を卒業．その後も大学で専門的な研究に励み，神経精神科の医局で大学でのキャリアを開始させた．

の運営を引き受けるという決断を後押ししたのも彼女だった。そして二人はまだ幼かった二人の子供を抱えながら、イゾンツォ地方の町ゴリツィアへ移り住み、バザーリアは精神医療の革命に乗り出すことになった。

「器質学派」のジョヴァンニ・バッティスタ・ベッローニ教授の下、一九五八年にバザーリアは精神医学講座の講師に就いた。ベッローニは、精神疾患の原因を、解剖学的病変や脳内の生化学的な変質として診断する、当時の科学界の潮流の支持者だった。

大学時代のバザーリアは、その後さらに絆を深め、活動を共にすることになる交友関係を築いていた。小児精神科医で後に精神病理学講座の主任教授そしてヴェローナ大学学長となるフライル・テルツィアン、そして、ジャンピエトロ・ダッラ・バルバとの関係だった。

バザーリアの学問的な方向性は、パドヴァ大学の神経精神医学分野で活動していたベッローニや同僚たちのものから、かなり早い段階で分かれ始めた。そうしてバザーリアは、病の進行に関する研究と記録を通じて、現象学的な考えを精神医学に応用する方向へ向かった。現象学的な精神医学では、実際に目の前に現れている現実が埋め込まれている様相と、その文脈を精査して評価する立場を取っていた。こうしてバザーリアの関心はさらなる広がりをみせることになった。

大学を捨ててマニコミオへ

バザーリアは、大学時代の経験にはあまりよい思い出をもっていなかった。ある時彼ははっきりとこう言った。「残念ながら、私たちの大学がもつ構造的な体質は、最も保守的なものの一つでしょう。

大学の内部に入り込むのは至難の業です。内部は閉鎖的で、あたかもこの組織を守るべく周囲には柵が張り巡らされているかのようです。教育は大学の年老いた権力者たちの手中にあります。だから、本当の意味での学びは、すべて大学の外の世界で行われていると言えるでしょう。イタリアの精神医学界は大学教員たちに占拠されています。ヨーロッパ中を見回してみても最も保守的な世界の一つです。たとえ変化を模索することがあっても、それは過去の概念を取り入れたり、再生産しているにすぎないのです。私はこれまでに三度、大学という組織に潜り込みましたが、その三度とも大学から追放されてしまいました。一度目は、大学の助手として一三年にわたって仕えてきた後のことです。いよいよ私が正式に教授職に就こうとしていた矢先、教授は私にこう言ったのです。「バザーリア君、よく聞いてくれ給え、君はマニコミオに勤めるのがいいと思っているのだが。」こうして、私はゴリツィアにあるマニコミオの院長になりました。二度目は、六八年の大学紛争の最中、パルマ大学で精神衛生の講座を担当する教員として採用された時のことです。八年もの期間その職に携わりましたが、私はまるで伝染病患者のように隔離されてしまいました。しかし、幸いにも講義を受講してくれる多くの学生がいたので、少なからぬ者たちを自分の仲間に引き入れることができました。三度目は、主任教授になるための国家試験に合格したときのことです。大学側は、私を蚊帳の外に放り出そうという明確な意図を持っていて、私に老年神経精神医学講座の職を打診してきました。しかし、私はその申し出を断り、マニコミオに戻ることを望んだのです。」

先に述べた通り、バザーリアの思想が進化を遂げてゆく過程で、極めて重要だったのは実存主義哲学との出会いである。より正確にいえば、バザーリアがこの分野を選択したのには、フッサールやハ

イデッガーが唱える批判的な現象学に傾倒していたことがあった。この二人の哲学者は、バザーリアが最も敬愛していた精神科医ルートヴィッヒ・ビンスワンガー(3)に多大な影響を与えていた。そしてバザーリアは、ジャン゠ポール・サルトルを深く敬愛していて、彼の著作物にも大変に精通しており、パリではサルトル本人と面会したこともあった。だから、結婚式の立会人を引き受けたヴェネツィア出身のアルメニア人フライル・テルツィアンが祝いに贈った一風変わったプレゼントが、サルトルの全集だったのももっともなことだった。テルツィアンとバザーリアはいつでも親しい間柄で、固い友情と近しい思想を共有していた。

こうした時期、もはや老齢にさしかかっていた指導教官のベッローニとは、表立った対立はなくとも、互いの立場の違いは明らかだった。イタリア以外の国々でも、精神疾患の研究は進歩を遂げており、バザーリア自身も新しい思想の潮流や実験的な試みに近づくことになった。

そして黒人精神科医フランツ・ファノン(4)が強靭《きょうじん》な意志で一切の妥協を拒みつつ示したことは、若き研究者バザーリアに多大な影響を与えた。フランス領マルティニク出身のファノンは、植民地奴隷に甘んじていたアルジェリア民族の解放という大義に賭けて、自分の職業をなげうって民族解放戦線の側についたのだった。

すでに大学で講師に就いていたバザーリアは、学部内で教授の席が空くのを待つ身だった。しかし、その待機期間が長く続くことは予想されても、教授の座につくような希望通りの結末は期待できそうになかった。その一方で、ベッローニは定年退職を間近に控えていた。そしてベッローニは、若い弟子バザーリアの大学での就職の面倒を最後まで見られる保証はないと、彼の後継者がバザーリアに打

ち明ける機会をうかがっていた。

失望で途方に暮れていたバザーリアの前に、運命を左右する賭けが待ち構えていた。というのも、その当時ゴリツィアの県行政が精神病院の院長を採用する試験を公示していたからである。バザーリアは試験に挑み、その座を射止めた。そして、イゾンツォ地方の県庁所在地であるゴリツィアに転居した。数カ月後には、彼の決断を後押しした妻と二人の子供がこの地に合流した。こうして、不安定な状態にようやく終止符が打たれた。一家は誰一人として欠けることなく、県庁内部に用意されたアパートに移り住むことになった。

(1) プラット Hugo Pratt 一九二七―一九九五 リミニ出身の漫画家。幼少期をアフリカで過ごした後、ヴェネツィアに移住。『コルト・マルテーゼ』は、社会に対し斜に構えた船員の主人公が活躍する海洋冒険漫画。
(2) オンガロ Alberto Ongaro 一九二五― バザーリアの妻フランカ・オンガロの兄。ヴェネツィア出身の小説家。南米とイギリスで長期にわたって生活する。冒険小説や異国情緒あふれる作品を多数発表。
(3) ビンスワンガー Ludwig Binswanger 一八八一―一九六六 スイスの精神医学者・哲学者。病理現象や精神病者の内面世界ではなく、世界の中での病者のあり方を具体的に描き出すことで、病者の理解を試みる「現存在分析」の創始者。伝統的な精神医学からの脱却を試みたバザーリアに理論的な糸口を与えた。
(4) ファノン Frantz Fanon 一九二五―一九六一 仏領マルティニク出身の黒人作家・革命思想家。本国フランスで築いた精神科医としての輝かしい経歴を捨て、植民地アルジェリアの民族解放戦線に参加。ファノンがたどった軌跡と彼の政治的選択は、抑圧された人々に接する際のバザーリアの模範となった。

コラム❶
フランカ・オンガロ

フランカ・オンガロ（ヴェネツィア生まれ。一九二八―二〇〇五）は、英語の翻訳者で、アーヴィング・ゴッフマンの著作の訳書がエイナウディ社から刊行されている。またフランコ・バザーリアの主要な著作物は、フランカとの共著による（巻末の文献目録を参照）。上院議員（一九八四―一九九一）に選出され、独立左派（無所属の国会議員のグループ、院内会派であり政治政党ではない）の議員

左からフランカ・バザーリアとフランコ・バザーリア．自宅のテラスで撮影された写真．自宅はちょうど大運河が湾曲している辺りで，ヴェネツィア大学のほぼ向かい側に位置するモチェニーゴ邸の最上階にあった．

として活躍し、彼女の活動は国内外で高い評価を得た。夫の死後も作品を発表し続けた。そのなかに、エイナウディ社刊の『百科事典』（一九八二年、トリノ）の「健康／病」の項目、『なぜマニコミオなのか』（エンメ社刊、一九八二年、ミラノ）、『声――女性についての考察』（サッジャトーレ社刊、一九八二年、ミラノ）などがある。『声』の一四七ページには、最終章の結びとして以下のような言葉が記されている。「ようや

右がフランコ・バザーリアの妻のフランカ・オンガロ．
手前の娘アルベルタとともに．

く今、私の長い闘いは終わりました。その闘いとは、私が愛した男と二人で挑んだものであり、またその男に対して挑んだものでした。この数年、私が書き綴《つづ》ったものすべては、人々の理解を得るために、また私自身が理解するために、バザーリアを相手にした終わりなき議論から生まれた言葉なのです。」

第二章
ゴリツィアとパルマ

ゴリツィアでの「啓示」

一九六一年のことである。バザーリア自身が幾度となく思い返すように、精神病院での日々の生活から受ける衝撃は、彼をたちまち苦悩させ、精神的な傷を植えつけた。大学に在籍中だったバザーリアは研究を着実に深めており、その成果を信頼していた。しかし、ゴリツィアでは、そうした思いは裏切られたように感じた。なぜなら、ここではマニコミオの壮絶な現実に容赦なく向き合わされたからである。実際のマニコミオの過酷さからすると、パドヴァ大学の講義や大学病院で身につけた精神医学の素養など、欠陥だらけで矮小化《わいしょうか》されたものに過ぎないと、突如として気づかされた。バザーリアの科学的知識の大半を占めていた精神科臨床の内容は、マニコミオの現状からすると、非人間的で耐え難い現実に対するほとんどでたらめの表象やイメージの寄せ集めにすぎなかった。

バザーリアにとって、ゴリツィアとはまぎれもなく「ダマスカスの啓示」(1)のような場所だった。それ以前、彼が精神病院の生活に関与したことは一度もなかった。ゴリツィアで経験を積み始めた当初は、深い実存的な苦悩が顕著だった。その苦悩は、想像すらしなかった現実に立ち向かい、人間としてそして社会としての退廃を拒むためには、一刻も早く具体的な行動に移らねばならないという思い

ジャンニ・ベレンゴ・ガルディンの写真は，ゴリツィア県立精神病院の中庭を撮影したものである．マニコミオにある人間の感覚を失わせるような荒涼とした様が，効果的に表現されている．ゴリツィアでの実験的試みについては，2つの決定的に重要な証言が残されている．正真正銘の大変革の意味を余すところなく伝えている2つの証言とは，バザーリアたちの共同作品『否定された施設』とセルジョ・ザーヴォリが製作したテレビ・ドキュメンタリーの傑作『アベルの園』である．後者には，フランコ・バザーリアへの長いインタビューが含まれている．

から生じていた。なぜなら「健常者が生活する社会のなかの掃き溜め」と残酷にも決めつけられた場所に、患者たちは強制的に収容されていたからだった。

もちろん、すべてを投げ出したいという考えが頭をよぎることもあった。とにかく、突如目の前に現れた困難に立ち向かえるような道具も武器も、十分に揃わなかったからである。しかし、バザーリアにはどんなことにも屈せず諦めないという、彼の性格を支える図太さがあった。彼の内では、格闘し試行錯誤を続けようとする意志、そして闘いを繰り返し、信念を貫き通すために、自らの能力とその限界

を見極めたいという意志が勝っていた。やがて、バザーリアは交友関係を駆使して、協力者チームを組織し始めた。そのうちの多くは、彼がいたパドヴァや参加した数々の会合で知り合った若き精神科医たちだった。

改革に着手

バザーリアは、最初の改革案として、窓の鉄格子の除去、拘束衣の使用禁止、白衣の着用の廃止などを提案しそれらを実施した。その他すべての活動は、ゴリツィア時代に推し進められ、トリエステでも引き継がれた。これらの試みを支える根本的な動機は、社会から排除された者や、市民権を剝奪され相応しい保護すら受けられず、登録番号と化していた患者たちとの連帯感から生じていた。

一九七九年六月一八日、バザーリアはサンパウロで開催された会議のなかで、五〇〇床を抱える病院で、かつては電気ショックやインシュリンの使用が日常化していたゴリツィアでの経験にふれて、次のように明言した。「私たちが目にしたのは、収容されている人々が、自分たちの置かれた悲惨な境遇に対策が講じられた瞬間から、立場や姿勢を一変させて、もはや〈狂人〉ではなく、私たちとも関係を築いていける人間へと生まれ変わった姿でした。」そのときバザーリアは、「患者とは、病んだ人間であるというだけではなく、人として当然の欲求を持った人間なのだ」ということを発見するに至った。一九六三年から六四年にかけて、ゴリツィアの病院の病棟を開放した後のことを、バザーリアは回想している。「私たちの誰もが、どんなにひどい事態が起こるのだろうかと待ち構えていました。しかし、何も起こりはしなかったのです。みんな準備万端だっただけに、残念ですらありました。ま

ったく何を期待していたのでしょう……。」さらにバザーリアは付け加えて「患者が病院に収容されているとき、医師には自由が与えられています。ということは、収容された人が自由になれば、その人は医師と対等になるのです。しかし、医師は患者との対等な立場を受け入れようとはしません。だからこそ、患者は閉じ込められたままなのです。つまり医師こそが彼らをそうさせているのです」と述べた。

日増しに肩にのしかかる責務をどうにか果たしたいという思いに駆られ、バザーリアと彼の革新的な計画に賛同して増えていった多くの専門技術者たちは、手始めに患者の置かれた境遇の改善にとりかかった。ときにはリスクを冒して行うこともあった。

マニコミオの患者を、まさに著しく不運な環境にある者と見なし、彼らが必要とする救いにどうにか応えようとすることは、新たな精神医療として、あるいはもう一つ《オルタナティヴ》の精神医療としてこれから認められることになる精神医療の幕開けだった。ゴリツィアのマニコミオの院長に就任した数年後、インタビューを行ったセルジョ・ザーヴォリに対して、バザーリアが次のように宣言したのは偶然ではなかった。「関心を持っているのは、病気ではなくむしろ病者です。より重要で有効なのは、患者の苦しみを和らげる術を治療を続けながら見いだすことであり、大学で勉強した精神医学の定める治療手順や治療法を試すことではないのです。」

バザーリアは医師用の白衣の着用を廃止することを決めた。それは、苦しんでいる者と自分を対等の立場に置くことで、患者と自分は何ら変わらない人間であると、患者に認められたいという思いから発せられていた。バザーリアが権威的なシステムの代表ではないこと、すなわち、おそらくは気付

かぬうちに患者の人格を無視し、その人を隔離するシステムの代表だと見なされないようにするためのものだった。白衣を脱ぎ捨てることで、医師は患者の意向をくみながら、専門家として修得したものをはるかに越えて、状況を理解しようという努力を実際に示すことになる。精神病者を治癒させることは、たとえ不可能ではないにせよ難題であると、バザーリアは十分に心得ていた。しかし、医師と患者が弁証法的な交わりを強めていくことで、病による衝動を抑えることができるとしたら、それはすでに重要な第一歩だと認識していた。つまり、医師は患者の支えとなり、いつでも頼れる存在になりながら、「愛情をもって」患者に関わることが必要だった。これは何にも代え難いものだった。

社会への告発

バザーリア自身が明言しているように、彼が行ったことは実質的には「新たな精神医療の提案というより、市民としての告発」だった。それは、バザーリアがゴリツィアの病院の任務についた当初から、マニコミオの状況を断じて受け入れないという、ほとんど言葉にならない衝動から発せられ、後にそれは科学的に秩序立てられていった。そしてその告発はたちまち物議を醸すようになった。彼をそう行動させた動機の根本には、幾千もの人々を解放させるということがあった。彼らは処罰を受けたり罪を償わされたりする場に隷属させられ、囚われの身となって人間としての誇りを傷つけられていた。バザーリアは、社会学者のように振る舞うつもりなどなく、公正なやり方で連帯感を示しながら、精神医療を実践しようとしているだけだと繰り返し述べた。それは精神疾患の領域で支配的になっている、とりわけ根深い偽善的行動に対して反旗を翻すものだった。というのは、法律的観点から

も、実際問題としても、明らかに差別的な選択が含まれていたからだった。裕福な者は、拘禁されるべき〈狂人〉という立場に貶《おとし》められることは決してなく、別の方法で治療を受けられる可能性があった。一方で、貧しい者は拘禁された。貧しい者が発狂しても、彼らはその問題に対処するだけの経済的・文化的な手段を持たないために、社会にとって危険なもの、あるいは公序良俗を乱す「不都合な同志たち」となり果ててしまうのだった。こうした年月のなかで、後述するバザーリアの監修による論集『否定された施設』が刊行された。同書は、イタリアおよびヨーロッパでベストセラーとなっただけでなく、一九六八年という緊迫した時代のある種の宣言書となった。

排除された人々と関わった自身の経験を全体的な状況へと結びつけ、それをできるだけ集約して表現するため、バザーリアがしばしば引用したのは、「持たざる者は、人間ではない」というカラブリア地方の諺だった。マニコミオ内部での経験を初めて広く知らしめようと、セルジョ・ザーヴォリがゴリツィアで製作した有名なドキュメンタリー・テレビ番組『アベルの園』(2)のなかでも、その諺を繰り返し耳にすることができる。

バザーリアが記憶しているのは、患者にまつわる危険性は、「病によってのみ引き起こされる」のではなく、しばしば、当事者が置かれた環境や地域社会における拒絶的な態度によっても増長させられるということだった。それゆえ、そうした危険性は制御可能なものだと自覚することこそが重要なのだと彼は明言した。バザーリアによれば、患者との距離を縮めることが必要であり、さらに医師という立場を乗り越えて、患者の意識を目覚めさせる責務があるということだった。またマニコミオの内部では、人が自分自身を決定的に見失ってしまう危険性を多分に孕《はら》んでいるのだが、そうした老若

男女それぞれの苦悩に気付く必要があるとも主張した。

バザーリアは早い段階から、抜本的な変革が急務であること、そしてマニコミオという施設を形作っている物心両面からの暴力がいかなる利益も生まず、またそうした暴力が不可欠である根拠はどこにもないとはっきり示す必要があると考えていた。また文化面での刷新を欠いたシステムを徹底的に拒絶しようとする展望をもっていた。そのシステムでは、中世的な趣向の解決策や抑圧的な規則が推奨され続け、数十年にわたって停滞したままの保健衛生上および制度上の慣例が生き続けていた。精神安定剤や抗不安薬、そして一般に普及していた器具の活用を除けば、そこでは近代の科学的な試行錯誤に裏付けられた発展やその成果が実質的に取り入れられてはいなかった。とりわけ、患者を抑制するために代用されていた器具は、「血気盛んな」患者たちを管理下に置き、容易に手なずけるための道具として用いられていた。

マニコミオ内外の反応

患者たち自身は、自分たちが置かれた境遇を一から十まで理解していた。そのことは、ゴリツィアのマニコミオの古参の「客《オスピテ》」であるアンドレアの証言——波乱万丈さには欠けるけれども——から確認することができる。この証言は、イタリア国営放送ＲＡＩの記者ニーノ・ヴァスコンが取材したもので、六〇年代半ばに、ラジオのドキュメンタリー番組のなかで放送された。「かつてここにいた者たちは、死んでしまえるように祈りを捧げていました。ここでは誰かが死ぬたびに、鐘が一度鳴らされたのです……今ではもう使われてはいませんが、鐘が鳴ると誰もが口々にこう言ったものです。

「ああ、神さま、代わりに私が死ねたらよかったのに！　こんな生活を続けるのはもうまっぴらだ」と。彼らのうちのどれほど多くの者たちが、生き延びることができ、また健康でいられたにもかかわらず、死んでいったことでしょう。一方で、誰一人としてここから脱出した者はいなかったので、落胆した者たちは、もはや何かを口にしようという気力すらありませんでした。ここでは鼻からチューブで食べ物を流し込んでいたのです。閉じ込められていて、ここから抜け出す望みなど微塵もなかったのだから、どうしようもなかったのです。まったく雨が降らないために萎えて干からびきった植物のようでした。それがこのなかの人々でした。」

バザーリアたちの最初の革新的な介入があった後、同じくアンドレアがはっきりと述べている。

「かつてここに閉じ込められていた私たちは、鉄格子の中に押し込まれていました。それだけでは済まず、相部屋には八〇人もの人々がすし詰め状態にされ、そこには椅子すらありませんでした。だから、私たちは床に座り込むほかなかったのです。便所に行くことすら叶いませんでした。」

バザーリアはゴリツィアにやって来た当初に衝撃を受けて以来、収容されている人々についてのみならず、県の役人らが司る官僚的な行政の方針においても、早急に手を打たなければならないことを承知していた。そのためには、充分慎重に物事を進めていく必要があると感じていた。そして保守派と伝統主義者たちが論争を長引かせようとするのを避けなければならないと自覚していた。したがって、状況を変えてゆく権利を一つ一つ勝ち取るためには、正面衝突を避けるのが得策だと思っていた。また精神疾患を専門とする学者や研究者たちの間にかぎらず、市民社会のより開かれた領域にバザーリアは新たな展開を導入した。そうしたものを肯定的に検証する動きが急速に広がっていることは、

相容れない立場にあるはずの役人自身も認めていた。

また他の国々からもこうした肯定的な検証が届けられていた。その先駆けとして、とりわけ西欧諸国において、ゴリツィアやそれに続くトリエステの経験には、単なる興味関心にとどまらない深い反響が現れ始めていた。

『否定された施設』の反響

バザーリアはゴリツィアでの滞在が終盤にさしかかる頃、前述したように『否定された施設――精神病院からの報告』の執筆に着手し、それを書き上げた。同書は一九六八年にエイナウディ社の「新しい応用科学」叢書から刊行された。内容はとくにゴリツィアでの日々の活動の経験が土台となっており、いかなる形態の権力にも異議を唱えるという社会参加《アンガージュマン》の根拠を探求するものだった。ここでいう権力とは、どのような動機があるにせよ、結果的には例外なくその力を濫用し、最も弱い立場の人間を服従させるものを意味していた。

「記録と覚え書き」をまとめたこの作品は、バザーリア自身がこれを必須文献と位置づけているように、「変革の状態」の要点を精査したものである。そこでは、とにかく個々人への人間的な関わり方を通じて、結果的に患者との関係から解放されることで、精神病はたとえその症状が重く現れる場合でさえ、少なくとも部分的には治療され、制御され、緩和されうることが明らかにされている。

『否定された施設』は、おそらく仕事の成果を世に広く知らしめようとして、バザーリアが率先して推進したあらゆる活動以上に、伝統的な精神医学の実践における、一見穏やかに見える潮流を混乱

に陥れ、覆そうとするものだった。

　ある方面では、マックスウェル・ジョーンズ(3)から、他方面では、デヴィッド・クーパー(4)やロナルド・レイン(5)といったイギリス人精神科医の経験、さらにシカゴ大学のアーヴィング・ゴッフマンの社会学的な研究は、当時の標準からすれば進歩的ではあった。しかし、マニコミオという世界の内部で実施できるような実践的な検証は行われていなかった。こうした「無関心」のなかの際立った例外が、まさにバザーリアの活動だった。そしてその活動は、先述した人たちの学問的な貢献からも、彼の提唱するもう一つ《オルタナティヴ》の精神医療の根拠を引き出していた。

　バザーリアの著作を知ったことで、ヨーロッパでは改革方針への支持者たちの輪が瞬く間に広がった。当初からの賛同者の一人で、記憶されるべき人物として、ポーランド系フランス人で小児神経精神科医のスタニスラフ・トムキウィッツがいた。さらにハノーファーの精神医学の教授で、フランスのヴァンサンヌの大学の広大なキャンパスで客員教授を務めていたエーリッヒ・ヴルフがいた。このキャンパスは、一九六八年のフランスでは、まさに最先端かつ最も活発に論争が行われていた拠点の一つだった。ヴルフは講演会を開催するにあたり、バザーリアをヴァンサンヌに招聘した。この視察はバザーリアに大きな成功をもたらした。精神科医バザーリアは、精神病の分野で仕事に従事するとりわけヨーロッパの若者にとって、注目の的となったのである。その数年後、フランスでバザーリアは、偉大な社会学者で思想的指導者でもあるロベール・カステル(6)と出会った。バザーリアにとって、カステルは単なる友人ではなく、深い友情をもち、バザーリアの思想と作品を支持する代弁者となった。

バザーリアの経験の概要や詳細を知りたいという要望がますます高まるなかで、彼はそれに応えようと、ヨーロッパ中を精力的に駆け回った。ドイツ、フランス、フィンランド、スイス、さらに他の国々でも、バザーリアは講演会を開催しては討論に参加した。その結果、イタリアで一八〇号法が可決された後には、当時まだフランコ独裁政権の時代だったスペインにまで足を運ぶことになった。バザーリアは、「レゾー」〔オルタナティヴ精神医療を掲げる国際ネットワーク〕の一員で、ほとんど不法入国者として活動していた研究者たちから招待を受けてバルセロナに赴くと、スペイン警察から四六時中尾行されることになった。そこでバザーリアは、研究者グループの代表だったアリシア・ロイグに誘われ、イタリアの一八〇号法の成立過程やその内容を継承することになる法律の起草に加わった。

自由を奪う「暴力の施設」

『死にゆく階級』という作品に収録されたバザーリアの序論「暴力の施設」において、彼はエイナウディ社から刊行されたユーリイ・ダヴィドフ作『労働と自由』(7)で扱われている東洋の寓話について述べている。そこで語られるのは、ある男が眠りこけていると、口から一匹の蛇が入り込んでしまうという物語である。蛇は男の胃のなかへ滑り込むと、そのまま居座り続け、やがて胃のなかから自分の意志通りに男に命令を下すようになる。こうして蛇は男から自由を奪い取り、ついに男は蛇の所有物となってしまう。もはや男の存在は、彼自身のものではなくなってしまった。ところがある朝を迎えると、男は蛇が去って行ったように感じた。男は再び自由の身となった。しかし、たとえ自由となっても、どう振る舞えばよいのか分からなくなってしまったことに、男は気がついた。長い間、蛇に

よって完全に支配されていたために、男は自分の意志を蛇に委ねることに心底慣れきってしまっていた。自分の欲求は蛇の欲求に、自分の衝動は蛇の衝動に重ね合わせてしまうという具合だった。そうこうするうちに、男は何かを欲したり、何かを目指したりする力、あるいは自律して行動する力を失ってしまったのである。

バザーリアがその小論で強調したかったのは、次のことである。「この寓話は、精神病患者が施設内で置かれている条件と驚くほど似ている。なぜなら、その想像上の話は、患者が自分自身を破壊する敵を内面化してしまう物語のように読めるからである。寓話のなかの男が、蛇に支配された末に破壊されてしまうように、敵は権力や暴力を振りかざし、患者を破壊するのである。(8)」

『否定された施設』において、バザーリアは、ゴリツィア時代の通常はありえない示唆に富んだエピソードを回想している。「私が勤務している精神病院では、数年前まで、入念に作られた仕組みが機能していました。それは、夜勤の看護師は、患者によって三〇分ごとに起こされることになっているので、確実に目を覚ますことができるというものでした。そうして看護師は、義務付けられていたタイムカードに刻印していたのです。このやり方は、あらかじめ混ぜられたパン屑《くず》のなかに、煙草の葉を紛れ込ませ、それを患者に選別させる作業で成り立っていました。もちろん患者は眠ることなどできませんでした。この選別作業には、きっかり三〇分かかることが経験から分かっていました。その作業を終えた患者は、看護師を起こし報酬として煙草を受け取るのでした。すると、看護師は、三〇分ごとに目を覚ましていることを証明するためのカードに刻印し、次に新たに人間砂時計になる別の患者に譲り受けた労働を再開するように告げると、自分は再び眠りについたのです。」これはバザ

ーリアが思いがけず遭遇した「しきたり」の一つだった。

拘束衣の廃止

ゴリツィアでは、バザーリアの決定が、「以前」と比べて劇的な変化への最初の兆しをもたらした。それはひどく落ち着きのない患者たちを、身動きさせないように着せていた「拘束衣」を廃止するというものだった。こうした患者を矯正する方法は、今も昔も、おびただしい数の精神病院やそれ以外の場で盛んに用いられてきた。ドキュメンタリー番組のなかでニーノ・ヴァスコンは、ゴリツィアのある入院患者の証言を取り上げている。「私たちはみな、上着で縛られていました。ある者は木に縛り付けられ、またある者はベンチに縛られていました。そして日が暮れるまでずっと、それが解かれることはなかったのです。誰もが汚物は垂れ流しのままでした。夜になってようやくそれが解かれると、手首と足首を縛り上げられ、ベッドに横たえられることになりました。」

病院の秩序を保ち、かつ義務を果たす必要があることを具体的に示すもう一つの方法は、「暴利をむさぼる者」の手口だった。バザーリアはそれを次のように思い返している。「ほとんどどこでも用いられている非常に原始的なやり方として、患者を窒息させて、意識を失わせるというものがありました。患者を窒息させるために、しばしば濡れたシーツが顔に放り投げられると、そのシーツは首の高さでぎゅっと巻きつくのです。そうすると、人はあっという間に失神するのでした。」

さらにゴリツィアにいた別の患者マルゲリータの発言がニーノ・ヴァスコンによって記録されており、彼女は次のように明言している。「私たちは顔の周りに濡れたシーツを被されて、きつくきつく

縛られたのです。そして顔に水を浴びせかけられました。死ぬ思いでした。悲惨なことに、それは私の身にも起こったのです。」さらにマルゲリータは続きを思い出して述べた。「鉄条網も張り巡らされていました。」マルゲリータはバザーリアについて以下のことを記憶していた。「彼は私たちの病棟で鉄条網の撤去を始めました。さらに私たちが毎日、つまり朝から晩まで、さらに夜中でも着せられていた拘束衣を取り除いていったのです。私たちはまるで十字架に架けられたキリストのように、足も肩もすべてベッドに縛りつけられていたのです。たとえ完全に正気を失った者でも、このようには扱われるべきではないと思いました。外に出掛けることは決してありませんでした。みんな私たちがものを壊し始めることを恐れていたからです。庭に出ることもありましたが、そこでも私たちは縛りつけられたままでした。お日様が顔を出す天気の良い日には、縛られたまま庭で過ごしたのです。」

白衣を脱ぎ捨てる意味

拘束衣を廃止した直後、バザーリアは、医師と看護師が〈狂人〉たちと築き上げている関係において、改革に向けたおそらく決定的といえる行動に乗り出すことになった。白衣を脱ぎ捨てることを決めたのである。そのときまで白衣は、治療を施す施設の内部で権力のヒエラルキーを決定づけているもののなかでも最も権威的な権力の象徴とみなされていた。バザーリアは、患者にとって白衣とは、命令を下す者の制服であって、患者は他の者とは異なっていること、つまり患者は白衣に従属するものであるという「しるし」を成り立たせていると理解していた。白衣をまとった医師と看護師は、入院患者の人生の支配者であり、患者の行動を意のままに決定する権力をもち、どんな時期でも、どんな時

間でも、どんな一日でも、あるいは患者の存在のすべてについても、規則に従って動くよう命令する者だった。

看護師は患者を縛りつけ、それを解いてはまた縛りつける。そして患者たちに食欲がなくても、食べることを強要する。たとえ太陽の光がまだ差していても、夕方の六時には患者をベッドに連れていき、あるいは星がまだ輝いていても、朝になると患者を叩き起こすのである。

患者たちにとって、医師とは白衣をまとった顔の無い存在である。医師たちが通り過ぎてゆくとき、しばしばうわべ以上に無関心を装おうとする。医師とは近寄りがたい存在で、別の世界に生きているかのようであり、彼らの科学、つまり彼らの診断結果は確実なものだと自信を抱いている。患者たちは、医師たちが休息をとるように「推奨されて」いる広大なホールを横切ってゆくのを眺めている。彼らは大勢の患者の一人一人に、順番に一瞥《いちべつ》を投げかけると、内輪で意見を交わす。続いて小声で、投薬、注射の準備、電気ショック、凍《い》てつく水風呂などの指示を出すのである。こうして白衣は、あらゆる面で、隷属関係の象徴となっていくのである。

バザーリアは、絶望の淵にある者たちに近づくために、そして排他的な階級秩序のない関係性を築き始めるために、何から着手すべきかをよく把握していた。また、二つの世界を隔てている壁の反対側に存在する、もはや立証済みの彼らの警戒心を払拭するために、まずやるべきことも理解していた。それは最も弱き者や不幸な者に歩み寄り、互いに腕を組むことへの第一歩であり、白衣という支配のなかで、絶えずトラウマを植え付けられるということなく踏み出せる最初の歩みだった。病院の外部では、医師や看護師が制服を脱ぎ捨てる決断を下したことは、もっぱら見かけだおしの措置で、大し

て重要な意味をもたない変化だと見なされていたかもしれない。しかしマニコミオのなかでは、この決断は非常に強い衝撃を与え、疑いようもなく革命的なものだった。というのも、〈狂人〉たちにとって、それは相違という壁が崩れ落ちる幕開けだったからである。

これは施設という、目に見えるすべての権威の現れを取り除いていくための始まりだった。バザーリアは、初めて治療的な措置を行った後に——白衣の廃止だけをとっても、その発案が大変に功を奏したことが分かる——理解したことがあった。それはできることなら異質な者たちが、もはや自らをそうした存在だと感じることなく、また「監禁された者たち」が患者以外にとっても意義があるはずの基礎的な鍛練を行うなかで、部分的ではあっても、自分の個性を表現する自由を実感できるなら、そこに焦点を当てて、突き詰めなければならないということだった。

最初の実験的な試みはこうした方法で行われた。医師は患者との距離を乗り越えようとして、新たな関係性のなかで、身に及ぶ危険に直面することもあった。バザーリアが導入した新たな方法論に対して、医師と看護師による異議や抵抗が、ゴリツィアに続いてトリエステでも、時には過剰なまでに巻き起こっていた。

問題の根底にあるもの

こうして、目に見える障害物のいくつかは乗り越えられた。そしてノーマライゼーション(9)を推進する最初の行動に対する不信感は次第に減っていった。しかし、根底にある真の問題は、解決されぬまま残されていた。それは、患者が他の者と自分自身が同等だと感じる自由とその可能性についての問

題だった。これは患者が他者を評価するときのまなざしに反映される人間関係である。実際、患者と他者の両方の立場からすると、一方のまなざしは他方にとっては無関心のままであり、とりわけ患者側からの応答は、疑い、不信、怨恨に満ちていて、異質なものであり続けていた。

「身体、まなざし、そして沈黙」という論考のなかで、バザーリアは実際に断言している。「精神病者の状態は多様である。なぜならば、彼らの身体は他者のまなざしによって損なわれ、さらに身体を物象化し、堅固な形あるものにし、無化する他者の世界によって損なわれるからである」と。この上なく強固な障壁、つまり精神病による抑圧状態に対しては、——しばしば長い「監禁状態」によるものだが——いまだに治癒の見込みがあって対処されているわけではなかった。トンネルの出口へ通じる光が見当たらなかった。というのは、患者に対する暴力が軽減されたとしても、他者は自分とは異なる人間だと、彼らは無意識に感じ続けるからである。これが病の根源であり、そのために、患者は程度の差こそあれ、明らかに、「自己防衛のための仕組み」を失ってしまう。そしてバザーリアは断言した。自分を守る仕組みを形づくっているのが「身を守る殻であり、その殻によって、人は自分自身のアイデンティティが確保されている。そして、その仕組みが、人を傷つきやすさのなかに留まらせ、他者の存在から自分を遠ざけるのである。しかし、人間が他者の存在を通して自分自身を客観視することで、能動的に自分と向き合い、自分を受け入れ、自分自身に出会う機会を失うとき、人は他者——障壁や抵抗に阻まれることなく、当人の空間に潜り込んでくる存在——との出会いという相互関係を失ってしまうのである。」

したがって、白衣を脱ぎ捨てて初めて、医師であるバザーリアが、患者たちを恢復させ、患者の心

理にまとわりつく鎖を粉砕し、マニコミオの客《オスピテ》の「反発」のまなざしを呼び覚まそうと努めたことは、理に適っていた。

こうした初期のいくつもの試みのなかで、バザーリアは「実践する知識人」というサルトル的な役割を担った。その役割とは、「方法を知る者は実行できる。そして、実行できる者は行動せねばならない」というスローガンに要約されるものだった。方法を知る者は、そうできるだけの力を持っているからである。しかし、この場合の力とは、その人に名声をもたらすための不毛な道具ではない。結論は明らかである。つまり「実践する知識人」が手にする力とは、奉仕、連帯あるいは解放といった社会的な責務に形を変えてゆくものでなければならないのである。

バザーリアには権力があった。彼は、現実に〈狂人〉を人として真っ当には扱おうとしない風潮に反対するだけでなく、〈狂人〉の問題を後回しにしようとする権力に、真っ向から立ち向かおうとした。だが実際、バザーリアは〈狂人〉たちの苦しみに打ちのめされていた。彼らは世界の片隅に追いやられ、社会の治安維持を目的とした集団の決定によって排除された。また、表面的には健全なイメージの社会を守ろうとする集団の決定は、理性を欠いた本質的に動物と変わらないと見なされた人々――一九〇四年に発布された法律では、「自傷他害の危険性があり、公序良俗を乱すもの」とされた人々――によって、そうしたイメージが損なわれることを受け入れようともせず、またそのつもりもなかった。

こうしたあらゆる理由で、バザーリアにとってのゴリツィア時代は、社会と保健衛生の関係をめぐる彼の思想が論理的に展開されるうえで、まさに根本をなす期間だったといえる。実際にゴリツィアでは、後にトリエステで実現されることになる画期的な変革の基盤が作られた。バザーリアの著作

『否定された施設』は、実質的には彼の〝卒業論文〟であり、この作品が彼をトリエステで精神医療分野の変革を行う指導的なリーダーに仕立て上げたのである。ともあれ、ゴリツィアでの実験段階では、精神病に苦しむ患者を支援し、治療を行う者たちのなかに、バザーリアを支持し信奉する人々が現れるようになった。とくに目を見張るものとして、ペルージャ、ポルトグルアーロ、ヴァレーゼ、ナポリの例があり、また、その他のイタリアのマニコミオにおいても、新たな試みが開始されていた。

アッセンブレアの試み

ゴリツィアの精神病院では拘束衣や白衣が廃止された。また、集団での初めての顔合わせやアッセンブレア[10]と呼ばれる自治集会を開くことで、当初から広まっていた患者たちの警戒心をどうにか克服しようと努められた。患者たちは、それまでは異論を唱えることなく、何事にも従うように仕込まれていたのだが、新しい取り組みに興味を抱いたのだろうか、入院患者もそうした機会に顔を見せるようになった。それでも当初は、彼らはその場にいるだけで、警戒の目を向けるか、ぼんやり様子を眺めているかで、話し合いに参加するわけではなかった。

医師、看護師、そして患者たちのすべてが輪になって腰を下ろした。そして患者たちには発言が求められ、自分自身について、そしてそれぞれの人生や願望について、勇気を振りしぼって語るように促された。また彼らの意見が求められたのは、マニコミオのなかに居続けることにどのような意味があるのか、好意的にいっても、自分たちを「囚人」のように見なしている人々との関係はどのようなものか、さらに、変革が始まっているとはいえ、監獄と変わりないマニコミオの日常生活のなかで、

どこを変えてゆくべきなのか、ということについてだった。初めは、患者からは何の返答も得られず、バザーリアやその他の医師たちの独り言になっていた。しかし、長く決まりの悪い沈黙が過ぎると、患者たちは少しずつ不信感を拭い去っていった。氷には亀裂が入り、ついには砕けていったのである。

患者たちの思考や判断が自立してゆく際の具体的な最初の兆しは、収容されている病院では何を変えていくべきなのかについて、どんな話題にも向き合い、意見を求められたことに対する患者からの返答というかたちで現れた。こうした進歩が患者たちのなかに芽生えてゆく様子は、すでに引用したニーノ・ヴァスコンのインタビューやセルジョ・ザーヴォリのテレビでのルポルタージュ『アベルの園』で明らかにされている。

バザーリアは、出来ることがある、そのためには前進する必要があるという確証を得た。さらに、世界のなかでの〈狂人〉の生き方や彼らの置かれた社会的な状況は、表面的な部分以外でも、改善される余地があるという確信もあった。また彼が気づいたのは、とくに人間的な関係を深めることによってのみ、患者との儀礼的な堅苦しさは克服されるということだった。

ゴリツィアの病院内の雰囲気は、こうして変わっていった。一歩一歩ではあったが、「自由になった〈狂人〉たちの共和国」と定義されることになる場に、命が吹き込まれるまでになった。たとえ多くの障害物が待ち受け、さらに反対勢力による解釈の曖昧さを正当化してしまう道を進むのだとしても、「明晰なる狂気」は逆説ではないという、新たな方向に向かって、道は拓《ひら》かれたのである。

おそらく「暗闇のなかの実験」の時期は、すでに過ぎ去っていた。新たな治療技術を確かなものにするには、外部の世界と継続して向き合うという、とりわけ避け難いトラウマを乗り越えながら患者

についての責任を負う、さらに骨の折れる試練に取り組む必要があるとしてもである。

ここに至って、バザーリアが確信できたのは、往々にして、「生から隔離された者たち」と定義されてきた患者たちが、今や自由になることを実際に願うことができるということだった。バザーリアの「理念」は、具体的な形に成りつつあった。〈狂人〉たちにとって、トンネルの暗闇のなかに、一筋の光が差し込んだのである。

反対派の攻勢

バザーリアにとって唯一の大きな誤算は、おそらく人々は自分を自由に行動させてくれる、そして変革を推し進めることに同意してくれるというある種の理詰めの希望を抱いていたことだった。しかし科学や政治の世界では、しばしば勝ち組である保守主義者や伝統主義者たちが無視できない数にのぼり、彼らはバザーリアに反対を表明し続けていた。彼らは、長きにわたって試されてきた経験や方法論を覆すことで生じるリスクや危険性を繰り返し強調していた。

マニコミオを反社会的な「革命のための巣窟」に仕立て上げようとしているという告発もまた、根拠に乏しいものだった。というのは、バザーリアはマニコミオの外に施設を準備して、すでに患者たちを受け入れる態勢を整えていたからである。それにもかかわらず、行政はそうしたサービスの始動を故意に遅らせていた。ゴリツィア県行政の官僚制の内部では、実際に「バザーリア路線」への抵抗があり、変革を食い止めるためのあらゆる手立てが講じられていた。さらには、芽生えつつあった新たな精神医療を擁護するような思想的な流れに反対する科学的な立場を支持する企ても存在していた。

とりわけ、患者に治療を施すなどというのは、――〈狂人〉の尊厳と苦悩には敬意が払われ、彼らはより人間らしく扱われるべきであるということ――馬鹿げていて罵《ののし》るべきものと見なされ、そうした行為には異議と嘲笑が投げかけられた。この当時まで、〈狂人〉とは、実質的に物事を正しく判断する機能を欠き、したがって、彼らは「正常」な頭脳を持たない者と考えられていた。正常でないことの原因は別の次元にあって、つまり遺伝やトラウマのせいであり、特定の理由によるものではないとされた。結局のところ、社会における評価としては、〈狂人〉は動物と大差ない存在だと位置付けられていた。

ゴリツィアでは、従来の治療方法の復活を強く求める者たちが、ますます圧力をかけては活動を加速させ、世論に影響を及ぼすようになった。そして秩序の転覆を計る者たちを包囲し、被害を拡大させないように、バザーリアの活動を制止するよう繰り返し要求したのである。

入院患者が引き起こした刑事事件

ゴリツィア時代も終盤にさしかかり、県行政との対立が明白だったとき、両者の関係をさらに悪化させる刑事事件が勃発した。そしてバザーリアをも巻き込んだ裁判が開かれることになった。一九六八年の九月、慎ましやかな入院患者だったアルベルト・ミクルスによって妻殺しが引き起こされた。彼は誰に対しても強い不信感を抱いていたが、一〇年以上もの間、攻撃的な一面を見せたことはなかった。しかし、妻に対しては違っていた。彼は突然、妻に襲い掛かると、彼女を激しく殴打し、殺害してしまったのである。

事件が起こったとき、バザーリアは国外の会議に出席するためゴリツィアを留守にしていた。しかし、協力者でミクルスの主治医でもあるアントニオ・スラヴィッチ(11)とともに、バザーリアも裁判にかけられた。事件は大々的な論争を巻き起こした。ゴリツィアの治療チームでも、この危機的な状況では、裁判にはほとんど勝ち目がなく、無傷ではいられまいと信じられていた。しかし、瞬く間に国際的な団結が広がりをみせ、バザーリアを擁護すべく、ヨーロッパの精神医学界の重鎮たちが力強いメッセージを携えて公然と参戦した。その筆頭は、マックスウェル・ジョーンズであり、さらにフランスのダウメゾン(12)、ドイツのクリスティアン・ミューラー(13)といった面々だった。三年後の一九七一年、ゴリツィアのネレオ・バッテロとイタリアにおける離婚法成立の主導者として著名なウーディネのロリス・フォルトゥーナという二人の弁護士の尽力により、殺人に加担した罪で起訴されていたバザーリアは、完全に無罪放免となった。だがアントニオ・スラヴィッチには別の判決が下された。

このとき、バザーリアは身を引くことを決意した。おそらく疲れ果てていたことがその理由だった。あるいは、進行中の実験的試みをさらに発展させていくことや、次の一歩を踏み出すこと——これはやがてトリエステで実現されることになる試みで、社会のなかに〈狂人〉たちを段階的に復帰させてゆくものだった——は、不可能だろうという思いに打ちのめされていたことがあった。

とはいえ、バザーリアの著作と理念は、すでに広く知れ渡っていた。そのため、さらに行政の側との接点が増えていったのは当然の成り行きだった。この頃、実際にパルマ県側との関係が始まった。後に彼はパルマに招聘され、マニコミオの運営を任されることになる。

一九六八年、社会には混沌とした熱気が渦巻き、文化的・政治的な気運が高まりをみせる頃、バザ

バザーリアはパルマにはそれほど長くは滞在しなかった．ただし，大学で社会精神医学の講義を任されたため，引き続きこの地を訪れる機会があった．写真はコロルノの精神病院の院長室で撮影されたバザーリアの姿である．1970 年に開催されるマニコミオについての写真展の準備に追われている．背後には，カルラ・チェラーティが撮影した写真が掛けられている．この写真は，マニコミオの境遇がもたらす恐怖を，抜群の巧みさで表現している．

ーリアはゴリツィアを離れた。彼はニューヨークのブルックリンにある、マイモニデス病院の地域精神保健センターに招致された。ここでバザーリアは客員教授として六カ月間滞在することになった。

アメリカから帰国すると、バザーリアはジュリオ・エイナウディのもとを訪れた。エイナウディは、バザーリアに南アメリカの国々のマニコミオについての資料収集を行うように提案した。バザーリアはこの申し出を即座に受け入れた。

この間、バザーリアはゴリツィアのマニコミオの院長を休職しており[14]、副院長のアゴスティーノ・ピレッラ教授に指揮を任せていた。そしてバザーリアがゴリツィアで再び同じ任務に就く

ことはなかった。彼はパルマの精神病院の院長の職を引き受けたからだった。こうしてゴリツィアでの実験に終止符が打たれた。

二重構造の精神医療

施設から「異形の者」を解放するという、彼の「信条」に基づく最初の試みは、こうして幕を閉じた。バザーリアはゴリツィアを去ったが、市民社会と学問の世界の注意を喚起し、人道的かつ社会的な問題を提起することができた。それは共通意識にある種の「揺さぶり」をかけることだった。その問題とは、イタリアや世界中の多くの国々に、不寛容かつ極めて不穏な現実であるマニコミオという施設が残存しているということだった。マニコミオという施設は、入院患者の人格を破壊してしまうということ、そして一時的に鬱状態になったり興奮状態に陥ったりして、ひとたび「蛇の穴」にも似たマニコミオに収容されると、いわゆる健常者であっても「異形の者」へと変質させられてしまうこと、バザーリアはこうしたことを示すことに成功したのだった。

症例データは極めて広範囲にわたっていた。例を挙げると、世話の焼ける酔っ払い、家庭内で激しい喧嘩をやらかした張本人、知的障害のある者、遺伝的な神経疾患を持つ者などが施設に拘禁されていた。

ゴリツィアでは、バザーリアは精神科施設の組織再編に着手することができたが、その根本的な前提条件は、病を抱えた人を中心に据えることだった。その組織再編は、それ以前には、治療の名の下にまかり通っていた入院患者へのあらゆる暴力を廃止するためのものだった。革新的な治療を行い、

わたしの髪ってボサボサ．髪をとかしたいから，
クシが欲しいのよ．でも，一本だってありゃしない．
あたしだって，持つのは当然でしょ．
クシをちょうだいよ!!!

その普及に努めることで、バザーリアは、とりわけ「二重構造の精神医療」と定義されるものと格闘した。というのは、一方でマニコミオには、貧しい人々や低所得のホワイトカラーや労働者など、いわゆる下層無産階級に属する人々が閉じ込められ、他方では自宅あるいは民間の診療所や精神科施設(15)で治療を受けている富裕層がいたからだった。裕福な人々は、経済的な余裕を拠り所として、もしくは多額の出費を負担することによって治療の機会を得て、仕事に復帰し、社会復帰してゆくことも少なくなかった。ここでまさに明確に示されているのは、裕福な〈狂人〉と同じように、もし貧しい〈狂人〉も決定的に理性を失わせるような環境に強制的に閉じ込められることがなかったとしたら、病を治癒できる可能性があったということである。

市民社会および社会生活に直接的に関わる一つの逆説とは、患者たちを次の二つの「カテゴリー」に歴然と区別していることである。つまり一方には、マニコミオに収容され、市民権、政治的な権利、親権、その他もろもろの権利を喪失する者がおり(これらの権利は一九七八年の一八〇号法の制定でようやく回復された)、他方には、ほとんど困難なく治療費用を工面することができ、病気が長期化したとしても、そうした権利を引き続き享

受する者がいるのだった。

バザーリアがゴリツィアを去った一九六〇年代の後半には、イタリアの医学界や文化界に限らず、彼はすでに比類のない傑出した人物として認められていた。バザーリアが監修した『否定された施設』は、彼の最も知られた著作であり、同書は商業出版という面でも大変な成功を収めていた。その上この論集には、通常の学術論文の形式では書き尽くせない内容が含まれていた。つまり、フランコ・バザーリアを主導者とした専門職集団は、マニコミオから〈狂人〉たちを解放し、加えて施設と文化という堅牢な柵のなかに閉じ込められていた病を解き放とうとして、思想面および活動面で貢献したのだった。

ゴリツィアでは、結束力が強く、文化面でも進歩的な「新生」精神科医たちのグループが、バザーリアの取り組みを引き継ぐことになっていた。したがって、ここでは、バザーリアについてだけでなく、「チーム」のすべてのメンバーについても、実際に触れておかねばならないだろう。そうしたメンバーのなかで、次の面々がとりわけ重要だった。まずは、アゴスティーノ・ピレッラである。彼はゴリツィアで副院長を務め、後にアレッツォとトリノで精神病院の院長となり、続いてトリノの大学で教鞭をとった。次に、ジョヴァンニ・ジェルヴィス(16)。彼は変革期にバザーリアに請われ、その誘いに応じた初期メンバーの一人であり、若い左翼の知識人で、出版社のエイナウディ社とのつながりを持っていた。その後にレッジョ・エミリアの地域精神科サービスの責任者となり、後年には、大学の教員になった(ジェルヴィスは後にバザーリアに論争を挑んで決別し、彼の思想や仕事に異論を唱えた唯一の人物だった)。そして、アントニオ・スラヴィッチである。彼はジェノヴァ県のコゴレートで、マニコ

ミオの院長になった。ルーチョ・シッター[17]はポルデノーネに精神科サービスの指揮を執るべく招聘された。最後にドメニコ・カーザグランデ[18]がいる。彼がゴリツィアで指揮を執ったのは、バザーリアがゴリツィア県行政と論争を巻き起こし、それが決裂して放免された後のことで、ピレッラがアレッツォへ赴いて間もなくの頃だった。そして、トリエステでは、彼はバザーリアの下で副院長を務め、さらにヴェネツィアの精神病院で院長となり、保健公社の責任者にも就任した。

ゴリツィアでの成果

最も立場の弱い者たちを社会に復帰させるため、バザーリアが全身全霊を捧げた時期を経て、彼は次第に、空想に取り憑かれた者、ユートピア主義者、革命家、無政府主義者と見なされるようになった。またバザーリアは、マルクス主義者だと「糾弾」されたり、イタリア共産党と特別な関係を築き、特異な関わり方をしていた彼のイデオロギーが非難されることもあった。

こうして彼は一九六八年の象徴的な存在となった。精神医療の実験的な試みを推し進める上でも、全制的施設との闘いという面においても、バザーリアは援助や支援を必要としていた。したがって、対抗勢力である強大な政党からは「利用される」がままにさせておいた。その政党は、当時よく言われていたような「有機的」知識人たちや「道連れ」にできる者と利益が望める関係を築こうと、常々狙っていた。こうして互いに利用し合う関係が始まったが、その関係は、バザーリアの自由奔放で頑固な性格が原因で困難に直面することもあった。たとえバザーリアの政治的見解が左翼的であることが明らかでも、彼はともかく党に「統制される」つもりはなかった。イタリア共産党の内部では、バ

ザーリアはいくつかの特別な関係を優先させていた。その関係とは、真の友情関係や彼の活動に対する評価や敬意に根ざしたものだった。このような付き合いのなかで、とくに記憶に留めておくべきものはセルジョ・スカルパ議員とのものだった。

ほぼどんな場合にも、偉大な変革者の身には降りかかるように、バザーリアは世論の一部と当然ながら意見の対立を抱えていた。特にいくつかの政治勢力や保健衛生機関との闘いがあった。

『否定された施設』の一節において、バザーリアは伝統的な精神医学の支持者に対してのみならず、社会全体に対しても既成の秩序を覆そうとする夢想家として振る舞い、その役割を引き受けている。とりわけバザーリアが「収容施設の破壊的な力」について述べたとき、また「マニコミオでは病は悪化し、二度と回復は望めなくなる」と明言したとき、その内容は人々から理解されなかった。あるいは、人々はそれを認めたくはなかった。

ゴリツィアの〈狂人〉たちにとって、バザーリアは倫理的そして宗教的な意味で宣教師だった。彼は世俗の人間として自らの仕事を実行しながら、あらゆる手段を尽くして患者たちを救い、信頼を回復させ、トンネルの先に光明を示そうと努めた。そして葬礼のときに鐘が鳴り響くのを聞いて、患者たち自身が死ななかったことをもはや悔やんだりしないよう力を尽くした。

その当時までは、男性であれ女性であれ、また若かろうが年老いていようが、また精神的な危機状態にあるときや、神経科医や精神科医の誤診のせいで、マニコミオに収容されることがあった。例えば、トリエステのある若い女性に次のようなことが起こった。彼女の夫が、妻は神経衰弱の状態にあると神経科医長に問い合わせた。すると医長は「自殺傾向のある重い鬱状態」と診断を下し、すぐに

でも婦人を精神病院に入院させるように熱心に勧めた。しかし内科医の診察データからは、彼女は胆石症だということが確認できた。マニコミオへ入院すると、非常に高い確率で、拘禁されたままそこに留まり、何年にもわたって治療や診断が行われ、それが一生涯続くことも少なくなかった。したがって、マニコミオで病気の疑いを持たれた者は、心理的に孤独感に苛《さいな》まれ、耐え難い居心地の悪さを感じていた。そのため監禁されていることに反抗して、いつでも「話の分かる」医師や看護師をつかまえては、自分の頭は正常に働いており、神経系にも問題はなく、一時的な精神的危機状態はもう過ぎ去ったと説明した。しかし、そうこうするうちに、徐々に動揺は増していくのだった。そして月日が経過すればするほど、自分の置かれた状況や精神の状態を明らかにしようとして、ますます気が動転した。また誰にでもあるように、自分は精神的な危機状態にあったので、頭に血がのぼっていて、少しばかり苛立《いらだ》って逆上してしまったのかもしれず、自分はそうした感情の犠牲者だったと説明するうちに、一層気持ちはかき乱されていくのだった。しかし、そこではまったく別の何かが必要だった。つまり、バザーリアが強調していたのは、患者に「あなたは他人とは異質な者だ」と宣告するとしたら、その本人が周囲に受け入れられているという確信がなければならない、ということだった。

しかし結果は、犬が自分の尻尾に噛みつこうとするようなものだった。つまり、自分の周りをぐるぐると回転するばかりで、ますます自分が何者なのか分からなくなる。また、動揺すればするほど、ますます混乱し、あるいは、諦めの気持ちを強め、呆然として投げやりになればなるほど、いっそう絶望に陥るのである。このような行動を分析する際、神経科医や精神科医といった医師たちが行う診断の「正当化」と、専門家たちが診断を下す動機を見出だすことができる。その診断は、動揺して理

性を失っているともいえる状態、突発的な無気力状態に陥って、観念した自己破壊的な様子、また、脳や神経系が正常に働いていないことによる精神の病が示す兆候、こうしたものを医師たちが解釈したものだった。医師たちは、実質的には、それぞれの分野において学説が説く原理を適用していた。しかしその学説は、これまでも、そして現在も、医療的な観点からすると、極めて貧弱で欠陥の多い科学的知識であり、なおかつ有効な治療をまったく欠いたものだった。

フランコ・バザーリアの最も意義深い功績は、こうした状況の波乱に満ちた様相に気が付いたことだった。そして薬理学や、さらに遅れていた外科的な治療では、ほぼ手の打ちようがなかった頃から、より良い時代に好転するのを待ちながら、この問題には、人間的そして社会的な観点から立ち向かう必要があると認識したことだった。こうした実情において、ゴリツィアでバザーリアが電気ショックの使用を廃止したことは、もちろん、通常では考えもよらないことだった。一九六〇年代の中頃、学問の世界の大部分に浸透していた電気ショックへの信頼と実施――減少傾向にあるとはいえ、残念なことに電気ショックは今日でも使用されている――に対して、バザーリアは反対の立場を表明していた。

電気ショックを行えば、結果としてこれを受けた人々は、物事に対応する力を著しく低下させられるとバザーリアは明言した。脳が損傷を受け、患者たちは、まさに「人造人間」にされることが少なくないというのであった。バザーリアは、電気ショックの使用は、とうてい容認できない暴力的な行為だと考えていた。

そのうえ、一九六〇年代の中頃には、とくに統合失調症に対して、なおも相当な頻度でロボトミー

療法が実施されていた。これは多くの場合、脳の前頭葉に施される外科手術で、ほぼ例外なく何かを損傷させたり、障害をもたらすものだった。一九二〇年代、初めてこの手術が試みられて以来、科学界のみならず、その治療の有効性の是非について、激しい論争と賛否をめぐる対立があった。

薬理学の分野では、一九五〇年代の中頃から、とくにフランスで行われていた研究のおかげで、医師が使用できる選択肢として、睡眠剤、精神安定剤、抗鬱剤、そして他にもいっそう改良された抗精神病薬が次第に導入され始めた。しかしこうした薬は、病を治すものではなく、患者の病状を制御するのに役立てられていた。つまり、病状が進行するのを防ぎ、患者が社会に危険をもたらす精神的危機状態に陥るのを抑制し、そうすることで、医師がかつては成立しなかった患者との関係を築く助けとなるものだった。

この分野においても忘れてはならないのが、こうした薬への依存が原因になって起こる被害である。薬を乱用したり使用期間を延ばしたりすることで、あるいは薬の誤用によって、患者に肉体的な被害が生じることもあった。ともあれ、バザーリアと彼の治療チームもまた、抗精神病薬という手段を使用した。しかし、薬物治療を行うときには、いつでも彼らの治療行為に貢献するための手段とみなされていた。そこで目指されていたのは、患者たちを個人としてかつ社会の一員として復帰させることだった。

ここでもバザーリアは、精神医療施設はそれ自体が社会的な病理であるだけでなく、しばしば克服できる病を悪化させる元凶になっていると考えるべきだという確信を強めることになった。バザーリアが常々語っていたのは、「マニコミオのなかで、本物の〈狂人〉が占める割合は限られている。なぜ

ならマニコミオに閉じ込められた人々は、実際には〈狂人〉ではなくても、精神医療によって〈狂人〉にされてしまうからだ」ということだった。

新たな治療法と新しい学の模索

ゴリツィアでバザーリアがマニコミオの指揮を執っていた年月のなかで、彼は以前から抱いてきた直観と希望に対して、一連の確証を得た。それはまず精神疾患が暴力となって現れるのはわずかな場合であり、かつそれが頻繁に起こることはなく、特定の場合に限られているということだった。さらに保健衛生的そして倫理的な観点からも、危害を加えない人々を場合によっては生涯にわたって隔離することに、いかなる説得力のある正当性も存在しないということだった。また病が暴力となって現れるとしたら、それはほぼどんな場合でも、抑制されたり、自由を奪われたり、または、まったく効果はないのに無意味に残忍な治療という実験がしばしば行われた結果であり、あるいはそれへの反発であるということだった。バザーリアは、国外やイタリアで発展していた様々な実験的試みを深化させながら、このような確信を引き出していった。フランスで最も進んでいた試みはパリの一三区で行われていたものだった。またバザーリアはイギリスのディングルトンで精神科医のマックスウェル・ジョーンズが実現したことも承知していた。ジョーンズは、第二次世界大戦後、「治療共同体」という最先端の試みを提案し、それに命を吹き込んだ人物だった。部分的なものであって、完全な形ではないにせよ、イギリスでは、そうした共同体の歴史は、一九世紀のハンウェルでのジョン・コノリー(19)の試みにまで遡ることができる。あるいは少なくとも、第二次世界大戦中に発展した、暫定的な実験

と結び付いた時期まで遡ることができる。

そのうえ、イギリスにおいて、バザーリアは、二人の著名な精神科医——あるいは「反精神科医」と呼ぶのがよいだろうが——とも接触をもつようになった。南アフリカ出身のデヴィッド・クーパーとイギリス人のロナルド・レインである。後者のレインは、多彩な顔をもったユニークな男で、深い教養を備え、人並み外れたところがあり、裕福だった。彼は、自ら出資していくつかのアパートを購入したり、借り受けたりするなどして、精神障害者たちのグループを完全な自律のうちにそこに住まわせた。とはいっても、彼らは公的制度としての精神医療にとって代わる、民間にある保健衛生ネットワークにつながっていた。反精神医学の提起に関して、フランコ・バザーリアは、晩年になって、一九七九年の一一月の一七日に、〔ブラジルの〕ベロ・オリゾンテで開催された会議で、自分の考えをこう表明した。「何はともあれ、私は反精神医学のいかなる運動にも与《くみ》していません。私は反精神医学を唱える側の医師であることを断固として拒否します。「反精神医学」というのは、何も主張していないに等しいからです。その意味では「精神医学」と何ら変わりがありません。その代わり、私は自分を一人の精神科医であると考えています。というのは、私の役割は精神科医としてのものであり、こうした役割を通じて政治的な闘いを望んでいるからです。私にとって政治的な闘いとは、科学的な闘いのことです。なぜなら、私たち人間科学の技術者は、あらゆる人々にとって必要なものを探求することから開始されるべき新しい学《ヌオーヴァ・シエンツァ》を打ち立てなければならないからです。今日の精神医学は有産階級に属する者の規準、あるいは権力が人民の間で創り出す欲求に基づいています。そうではなく、人々が第一に欲しているものは何なのかを、私たちは見つけ出さねばなりません。こうした目的に向

かって、私たちは新しい学を築かなければならないのです。」

アメリカ滞在の経験と教訓

こうしてバザーリアはゴリツィアを去った。そして、彼はすでに開拓してきた道のりをさらなる分析を重ねながら引き返すことになった。ゴリツィアのマニコミオでは、すでに実現された歩みがあるとはいえ、これから踏み出される道のりはまだまだ長く、困難に満ちていることに気付かされた。バザーリアは、マニコミオに代わりうる実現可能な解決策について、自らの知識と調査を深化させる必要性を感じ取っていた。

一九六八年から一九六九年にかけて、バザーリアは夫人とともに、研究のためのアメリカ滞在を敢行した。とくに彼の興味を引いたのは、全米のマニコミオの約半数が閉鎖された後、どのような状況が引き起こされたのかということだった。マニコミオの閉鎖は、ジョン・フィッツジェラルド・ケネディが大統領に任命されて悲劇的な結末を迎える少し前、彼の主導した行政が数年前に決定したものだった。精神障害者に対する公的支援を実質的に半減させるという決定は——州立の各精神病院は、過去にも存在していたし、今なお存続していることを事実として忘れるべきではない——、とくに予算上の理由で行われたものだった。しかし同時に、この決定は社会を改良するという面を軽視していたわけではなく、シカゴ学派の社会学的な調査から引き出された研究や提言を参照していた。そのシカゴ学派を代表する人物がアーヴィング・ゴッフマンだった。彼は精神病院の生活に関する必須文献である『アサイラム』の著者であり、同書はフランカ・バザーリアとフランコ・バザーリアの手で

〔イタリア語に〕訳出され、序文が付された[20]。

バザーリアには、マニコミオの閉鎖という措置に対する最初のインパクトが十分に肯定的だったと確信できる機会があった。たとえ、〈狂人〉を解放したことで、弁証法的な論争やイデオロギー的な対立が巻き起こり、それが非常に激烈な論戦を招くことがあったとしてもである。あるいは、「解放された者たち」が主役になる突拍子もない行動や暴力行為に由来する出来事をめぐって、ほとんどの場合、論争や対立が引き起こされるとしてもである。さらに、元患者が社会復帰する段階において、医師や保健衛生分野の職員が、彼らに適切な対応をしなかったことがあり、そうしたことが少なからず無秩序状態を作り出していたことも資料から裏付けられた。

今日では、〔アメリカでの〕改革が重大な変化をもたらすことはなかったと断言できるだろう。そこではウィスコンシンの例が、代表的なものとはいわないまでも数少ない試みとして思い出されるのみである。しかし、まさにブルックリンの実験を直接見聞きしたことで、バザーリアは、自著『平和に潜む犯罪』のなかで表明した次の確信を引き出している。すなわち、確かに地域精神保健センターは全体として価値がある。だが、精神病院が全制的な影響力を保ったまま、センターが利用者本人たちによって養われ続けている限り――これはいわゆるパリ地区の実験で行われたことと類似している――マニコミオの論理を変えることは一分たりともない、ということであった。

パルマ精神病院院長に就任

イタリアへ帰国すると、バザーリアを待ち受けていたのは一本の電話だった。それは彼をパルマ県

にある精神病院の院長として採用するというものだった。そこはマリア・ルイジア・ディ・ボルボーネの敷地にある古い厩舎を改築したコロルノのマニコミオだった。

バザーリアは、その数年前にパルマで『精神医学とは何か』を発表していた。同書は施設の現実についての論考と記録を収めたもので、同県の行政部の監修で刊行されていた。

エミーリア地方の都市部の県議会では、イタリア共産党やイタリア社会党といった左翼政党が多数派だった。そのため、バザーリアへの誘いには、明らかに政治的な匂いが漂っていた。バザーリアが、精神病者の扱いにおける階級的な差別について、社会的のみならず政治的内容も含んだ告発を繰り返し行ったことが、とくに注目を浴びていた。保健衛生部門の管轄を委任されていた評議員はマリオ・トンマジーニだった。当然ながら、彼はよその自治体からやってきた行政官で政治家だったが（数年後に彼は「イタリアで最も善良な人物」として認知されることになる）、行政機関の同僚たちと衝突しながらも、あらゆる手を尽くして、新院長のバザーリアが活動しやすくなるように奔走した。

しかし、こうした支援にもかかわらず、バザーリアは自らの計画を前進させることができなかった。というのも、実際に彼が思い描いていたように仕事を遂行するための同意が得られず、彼の提案や率先して行った活動は妨害される始末だった。ゴリツィアでの体験が形を変えて繰り返されたのである。パルマ県の行政官たちは様々な議論を交わしていた。しかし、政治―行政の分野では、既定路線を変更するような展開に向かっているのではないかという懸念が、明らかに広がっていた。また、選挙の支持母体や労働組合との合意のなかで、否定的な反応が起こるのではないかという不安も増していた。地方政治の代表者たちが持つ過剰な用心深さに由来する官僚と労働組合の妨害によって、バザーリア

の活動はしばしば阻止され、計画の進行が遅らされることもあった。

バザーリアがパルマに滞在したのはごくわずかな期間だった。しかし、研究を始めた当初から彼の仕事を評価していた旧友や同僚たちとの個人的かつ学問的な関係を取り戻し、再び築き上げることができた。こうしたなかの一人がファビオ・ヴィジィンティン教授だった。彼は公認されている精神医学の世界では、少数派ながら現象学的な路線を代表する人物であり、バザーリアの思想と通じるものがあった。また別の一人には神経学の教授ミルコ・カレーラスがいた。バザーリアは、この二人と精神医学的な文化をめぐる試みや動向について、対話を深める術を共有していた。

また、パルマで起きたことのなかで、記憶に留めておくべきことは、後になって医学部がバザーリアに社会精神医学を講じる任務を委ねたことだった。

（1）『新約聖書』「使徒行伝」の一場面。熱心なユダヤ教徒だったパオロが、キリスト教徒弾圧のためにエルサレムからダマスカスへ向かう途上で、イエスの奇蹟を体験し、自らキリスト教徒へ回心する。

（2）番組名「アベルの園」は、『旧約聖書』のなかで兄カインが弟アベルを殺害する場面に由来する。この番組のなかで、マニコミオは市民社会の健常者(カイン)が不都合な者(アベル)を隔離収容する場所として描かれている。なお同番組はイタリア国営放送(RAI)のインターネットサイトで視聴することができる。

（3）ジョーンズ　Maxwell Jones　一九〇七―一九九〇　精神科医。社会精神医学の立場から「治療共同体」を実践し精神病院の人間化を推し進めた。代表作に『治療共同体を超えて』がある。バザーリア夫妻は、ジョーンズの病院でボランティアとして働いた経験を持つ。

（4）クーパー　David Cooper　一九三一―一九八六　南アフリカ出身のイギリスの精神科医。「反精神医学」を掲げた代表的人物として知られる。主著に『反精神医学』、『家族の死』がある。

（5）レイン　Ronald Laing　一九二七―一九八九　スコットランド出身の精神科医。クーパーと同じく「反精神医

学」の代表的人物として知られる。主著に『ひき裂かれた自己』、クーパーとの共著で『理性と暴力』がある。

（6）カステル　Robert Castel　一九三三―二〇一三　フランスの社会学者。労働問題をはじめとした社会的排除に関する研究者。初期作品に『精神医学の秩序』、代表作に『社会問題の変容』がある。

（7）邦題は『自由と疎外』（藤野渉訳、一九六七年、青木書店）。

（8）この挿話は『否定された施設』のなかの論考「暴力の施設」に収められており、次のような文章で結ばれている。「心病む人々との出会いを通して、私たちは次のことにはっきりと気づかされる。すなわち、この社会では、私たちすべてが蛇の奴隷であること、この蛇を破壊するか、吐き出そうとしない限り、私たちの生をつくりあげている人間としての内実を再び取り返す機会はないということだ。」

（9）高齢者や障害者などを隔離することなく、健常者と一緒に相互に助け合いながら暮らすのが正常な社会であるとする考え方。

（10）アッセンブレアとは、医師や看護師といった職員、そして患者が自主的に参加する定例の自治集会である。この集会は毎朝一〇時に開始され、一時間から一時間一五分程度行われた。患者、医師、看護師、ソーシャル・ワーカーが集まり、場所は一番広い食堂が使用された。椅子は輪になるように配置され、医師や看護師や患者が自由に席に座った。出席の義務はなく、好きなときに入退室ができ、出席簿は存在しなかった。そこでは毎回、二名ないし三名の患者が持ち回りで司会進行の役割を担った。しばしば議論の対象になったのは、給付金と外出についてだった。

（11）スラヴィッチ　Antonio Slavich　一九三五―二〇〇九　バザーリアとともにゴリツィアで精神病院改革を開始した最初期のメンバーの一人。バザーリアとは古くからの友人で、パドヴァ大学時代には同僚でもあった。トリエステの改革には参加せず、フェッラーラ、ジェノヴァで仕事に取り組んだ。

（12）ダウメゾン　Georges Daumézon　一九一二―一九七九　フランスの精神科医。「制度を使った精神療法」を提唱した人物として知られる。

（13）ミューラー　Christian Müller　一九二一―二〇一三　スイスの精神医学者、精神科医。精神分析に基づく統合失調症の精神療法を試みた先駆者として知られる。

（14）ピレッラ　Agostino Pirella　ゴリツィアでバザーリアとともに精神病院改革に参加。一九七一年にアレッツォの精神病院院長となり、病院を閉鎖するための指揮をとった。

（15）日本では、精神科病院のなかの圧倒的多数を私立病院が占めているのに対し、イタリアでは公立の精神病院が大

多数を占めていた。多くの場合、イタリアにおける私立精神病院の利用は、多額の治療費を支払うことのできる裕福な社会層に限られていた。

(16) ジェルヴィス Giovanni Jervis 一九三三―二〇〇九 ゴリツィアでバザーリアと協力して精神病院改革に取り組んだ。

(17) シッター Lucio Schittar 一九三七― バザーリアと同じくパドヴァ大学出身の医師。当初の専攻は精神医学ではなかったが、一九六六年になってゴリツィアでの精神病院改革に参加した。パルマ、ポルデノーネで病院改革と精神保健サービスの確立に努めた。

(18) カーザグランデ Domenico Casagrande 一九三九― 一九六五年からゴリツィアでの精神病院改革に参加。バザーリア、そしてピレッラが同病院の院長職を辞した後、院長を務めた。その後は、トリエステ、ヴェネツィアで精神病院の改革および閉鎖に尽力した。

(19) コノリー John Conolly 一七九四―一八六六 イギリスの精神科医。院長に就いたハンウェルの精神病院で精神障害者を解放し、人道的に処遇する仕組み作りに尽力した。

(20) ゴッフマンの著書『アサイラム』(一九六一年)は一九六九年に、そして『集まりの構造』(一九六三年)は一九七一年に、バザーリア夫妻の手でイタリア語に訳出され、エイナウディ社から刊行された。イタリア語版に付された序文は、バザーリア選集第二巻に収められている。

第三章 トリエステ

新たな出発――ザネッティ県代表とバザーリア院長

バザーリアのもとに、新しい経験への可能性を切り拓《ひら》く便りが届いた。トリエステのサン・ジョヴァンニ地区にそびえ立つ精神病院の院長を任命するための公募の知らせだった。一九七〇年のことである。その年には、トリエステでも県行政の刷新を問うための選挙が予定されていた。しかし協議の結果は、予想とはかけ離れたものだった。実際のところ事前の見通しでは、イタリア共産党の当選がほぼ確実視されていた。ところが、中道左派連合(キリスト教民主党、イタリア社会党、イタリア民主社会党、イタリア共産党、スロヴェニア同盟)が、初めて僅差で共産党を上回ったのである。議会ではわずか一票の差で多数派となった中道左派連合が、政権の舵《かじ》をとることになった。議会で最大野党となったのが、まさにイタリア共産党に属する一群だった。

県代表にはミケーレ・ザネッティが選出された。彼は労働法を専門とする三〇代の大学講師で、キリスト教民主党の党員だった。不安定さを抱えながら多数派となった中道左派連合は、難局に直面することもあったが、任期の五年間と次の任期にかけて、政権の地位にしっかりと踏み留まることができた。

バザーリアは選考試験に挑み、一〇名ほどいた応募者に大差をつけて採用を勝ち取った。バザーリアは、候補者たちが画策したであろう再審査の要請という罠を難なく乗り越えた。候補者たちは、審査委員会によってバザーリアより低く採点されていた。そして、委員の一人はミラノの神経精神医学の主任教授で、イタリア全国神経精神医学会会長のカルロ・ロレンツォ・カッツッロだった。

フランコとフランカ・バザーリア夫妻と，当時，県代表だったミケーレ・ザネッティの最初の出会い．場所は1970年の冬のヴェネツィア．写真はレストラン「フェニーチェ」の写真家が撮影したもので，晩餐の終わりに記念として贈られた．バザーリアは院長採用試験に合格し，1971年の8月に院長に就任した．

こうして新しいトリエステ県議会による決定が公表された。採用試験の結果と精神病院の新院長の任命をめぐる発議が行われた。議場では、右派の席から投げかけられた議論が激しい対立を生み、論争は切迫した。またそれと同じくらい議会外の反響も熱を帯びていた。意欲的な賛成票を期待していた人々も多かったが、イタリア共産党の一群は、バザーリアの職歴と社会・政治的な信念を懸念して投票を棄権した。その際彼らは、〈狂人〉たちを擁護するための改革と革新的な治療をバザーリアが本当に実現できるか否かをあれこれ勘ぐって尻込みし、さらにパルマ時代からゴリツィア時代にかけての事件や論争までをも持ち出す有様だった。

悩ましい状況だったが、こうした姿勢にもさほど動じなかったおそらく唯一の人物が、他でもない採用試

験の勝者バザーリアだった。というのは、彼にはパルマでの体験のおかげで、物議を醸す恐れのある変化に相対したときに、左派がどのような態度をとるのかを熟知していた。たとえその改革が左派と似通った立場のバザーリアによって行われていたとしてもである。

変革の再開

ゴリツィアとトリエステでの精神科施設の改革に異議を唱えていた人々は、事実上、バザーリアが共産党まがいの内容の活動を推し進め、市民社会のルールに反した行動をとることを非難していた。確かにバザーリアは仕事をする上では左派の立場に立っていたが、政治的な枠組みからは圧力を受けるつもりもそれに縛られるつもりもなかった。

一九七九年六月二〇日、ブラジルのサンパウロで開催された会議において、バザーリアが敢然と取り上げたのは、とりわけ世界中にある多くのマニコミオに入院している患者たちの生活環境をめぐる問題だった。そこには共産主義体制の国々も含まれていた。そこで彼はブラジルのジュケリーのマニコミオに言及した。一万八〇〇〇人の患者を収容しているその施設の「仕組み」は、精神医療福祉における「公序良俗に反する」一例であるとして、以下のように明言した。「私は各国の精神医療の世界に通じていますが、このジュケリーの例は典型であると断言できます。アメリカのニューヨークにはジュケリーと同じような病院があります。フランスにもこれと似た状況がありますし、イギリスやイタリアでも同様です。マニコミオと集団収容という驚くべき状況はどこにでもあり、いくらでも互いに比較することが可能です。」さらにバザーリアはこう強調した。「社会主義革命によって解放され

た国々では、異なった精神医療が発達しているのではないかと考える人がいます。しかし残念なことに、こうした国々では、通常のマニコミオがジュケリーの精神病院と類似した刑務所になっています。それだけでなく、異なった種類のマニコミオも生み出されています。つまり政治犯を収容するマニコミオです。要するに私たちはスキャンダルが横行する状況のなかで暮らしているのです。この世界では、生き延びるために人間が他者を拘留しているのです。果たして、どうしたら他者を傷つけることなく、人間は生き延びることができるのでしょうか。こうしたことを議論するために、私たちはここに集まっているのです。」

バザーリアの存在、彼の改革者としての情熱、そして過去の経験を克服しようとする意志――これらが一九七一年に始まった精神病院の新たな運営の問題を、トリエステ県の新行政の数ある課題のなかの最重要項目へと押し上げた。改革を実行に移すには、何よりもまず詳細な活動計画を用意できるかどうかにかかっていた。県行政と新院長バザーリアは何を優先するべきかについて合意に達した。それはいかなる状況でも、サン・ジョヴァンニの病院に収容されている精神病者の人間的かつ社会的な境遇を改善するために最善を尽くすというものだった。

バザーリアは変革を牽引するための道標《みちしるべ》となる根本的な動機《モチーフ》を前面に打ち出した。それは〈狂人〉たちを、彼らの抱える病がもたらした帰結から、部分的にではあれ解放するために始められた闘いであり、その闘いを通じての改革というものだった。一九七八年六月一一日、ボルギで行われた『エスプレッソ』紙のインタビューに答えて、彼自身こう述べている。「狂気とは、深い苦しみに裏打ちされた表現なのです。それは最も厄介な苦しみであるかも知れません。なぜならその原因が曖昧だからで

す。しかしながら、それは現実の苦しみに他なりません。「苦しみと向き合う」唯一の方法は、患者のみならず、身近な人々にもありのままの苦しみを認めてもらうことです。当事者と関わりを持つ者すべてが、責任の一端を担い、患者がその苦しみに耐えられるよう支援する。そうすることで本人の負担を軽くしてゆくのです。」

バザーリアは、改革に向けた戦略の鍵となる着想を得た。それは県の組織編制の見通しよりも、医師のポストに一〇人以上の欠員があったことから思いついたものだった。サン・ジョヴァンニで職務についている医師との間に問題が生じるだろうということをバザーリアは初めから理解していた。ゴリツィアの彼の同僚たちは、マニコミオに留まり続けていた者たちを除いて、すでに多くが他県の精神医療の仕事に従事していた。一方のパルマでは、実質的に新たなグループを結成するための時間がなかった。

それゆえ根本的な問題が残されていた。大学の学部や専門課程を修了した精神科医が、新しいやり方には応じないことをバザーリアは理解していた。そこで彼は、若い医師で大半が専門分野を持っていない者たちを採用することに決めた。そして友人の専門家たちの力を借りて、若い医師たちの育成に努めた。こうしてバザーリアの新しいチームが誕生した。そのなかには少なくとも以下のような顔ぶれが思い出される。トリエステでバザーリアの後継者となってゆくフランコ・ロテッリ(1)とペッペ・デッラックア(2)、後に外務省国際協力局の幹部になったルチアーノ・カッリノ、リヴォルノ精神病院院長になるヴィンチェンツォ・パストーレ、ローマ精神保健局の局長になるトンマーゾ・ロザーヴィオ(3)、社会学者のアウグスト・デ・ベルナルディ、現在はサッサリ大学の社会学の講師を務め、ローマに本

部を置くフランコ・バザーリア財団の推進者でもあるマリア・グラツィア・ジャンニケッダ[4]、さらに、エルネスト・ヴェントゥリーニ、マリオ・レアーリ、ジョヴァンナ・デル・ジューディチェ、グラツィア・コリアーティ[5]、ジョヴァンナ・ガーリオ、ブルーノ・ノルチョ、アッスンタ・シニョレッリなど、その他にも大勢の人物がいた。

トリエステには，イタリア全土，ヨーロッパ諸国，さらにその他の国々から，専門家，大物政治家，文化人らが相次いで訪れた．この写真はそうしたなかの1枚である．アウグスト・デ・ベルナルディ博士の隣にいるバザーリアは，彼自身が院長室を置くことにしたレンネル邸の入り口付近に立っている．

院内の改革——反発と説得

ゴリツィアでもそうしたように、バザーリアは、マニコミオの患者の生活が抑圧的なものにならないことを何よりも心掛けた。すでに一九七一年の冬から一九七二年にかけて、入院患者が病院内のほぼすべての建物を自由に移動できるように、様々な病棟が開放されていた。たとえば食堂と広間のある建物は、男女両方の患者に開放された。

サン・ジョヴァンニ病院の内部では、患者たちが刑務所に隔離されているような感覚を持ち続けないように、真っ先にいくつかの改修作業を行う必要があった。解放に向けた最初の具体的な行動として、最も重苦しい心理的障壁の一つだった病棟のバルコニーにある鉄柵を除去

するという決断を下した。それは、決して心変わりをしないという意志のもとに行った決断だった。かつては窓に鉄格子がなかったのと同じで、マニコミオの建設が完成した二〇世紀の初頭には、この鉄柵は存在しなかった。これらの鉄柵は、患者が逃亡を企てたり、自暴自棄になったりするときに、看守役でもある看護師の身を守るためのものだった。しかし、絶望に打ちひしがれた患者にとって、鉄柵とはあたかも牢屋の内側からだけ外の世界を覗かせるものだった。

たちまち洗濯場も閉鎖された。ここでは何十年も前の作業方式が採用され、形ばかりの報酬を与えながら、一八〇〇年代のやり方で作業療法が行われていた。それに続いて、病棟の家具を入れ替えるときには、なんの特徴もなく陰湿で病院にありがちな時代遅れの家具の代わりに、色とりどりのデザイン性に富んだ手頃な価格の家具の購入を決めた。

しかし、パルマのときと同じように、バザーリアは看護師組合の猛反対にさらされた。彼女らは院長のバザーリアが段階的に導入した新しいやり方の大半に断固として反対した。それはまさに反乱の域にまで達した。そして反対派の看護師たちは、病院の内部に立てこもり、隔離型閉鎖病棟による従来のやり方を復活させると宣言した。だが、不法監禁罪にも問われかねない挑戦が続いたのはわずか二四時間だった。というのは、県行政の幹部たちの後ろ盾を得て、彼らから支持されていたバザーリアが、反対派の人々に対して、彼の進める社会的・治療的な計画の方針を示し、「反乱者たち」には仕事の継続が保証されたからだった。

不安定な状況が如実に現れたこと以外にも、バザーリアは一部の医師たちからの反感をはっきりと感じ取っていた。そうした反感は、組織に関することだけでなく、治療方針にも向けられた。したが

ってバザーリアは、行政面だけでなく、科学的な面や治療面にも、自分の権限が及んでいると真っ先に明言する必要があると感じていた。そこで彼は、かりに非常に難しい症例に出くわしたとき、病院の医療チームの手に負えなければ、自分に任せるように同僚の医師たちに求めた。

早速、バザーリアが望んでいた事態が起こった。そのとき、同僚たちにバザーリアの手を煩わそうとする意図があるのは明らかだった。任された患者は、隙《すき》あらばマットレスやベッドの網状の金属製のバネを飲み込んでいた。バネが口の中に残っていれば、まだマシな方だった。その患者は、バネが胃に届くまで躍起になってその行為を続けた。こうした異物を胃から取り除こうとして度重なる外科手術が行われ、その手術を物語る傷痕がはっきり目に見えて残っていた。この患者は、拘束衣を着せられていても、見張り番が目を離した隙に難なくバネを飲み込んでしまうので、その行為を防ぎようがなかった。

バザーリアはこの挑戦を受け入れ、我慢強くこの不運な患者に歩み寄っていった。彼は長い時間をかけて患者との対話を重ねた末に、食べ物でないものを飲み込み続ければ、極めて深刻なダメージが現れることを納得させることができた。その男は、バザーリアの話に熱心に耳を傾け、説明を理解し、ついには自分には生きる価値と責任があると感じるようになった。バザーリアは、彼に暇を与えないように、そしてバネを飲み込むのを止めた証として、病院内に開店するバールの経営を任せた。すると患者は厄介な癖を忘れ去り、粘り強く仕事に精を出し、以前のように逆戻りすることは二度となかった。

トリエステでは、もはやバザーリアが直接患者の治療に携わることはなく、組織全般に関すること、

そして着手した大事業の運営に専心した。とはいっても、彼は精神病院の院長としての従来の職務にも迅速に対応していた。周知されていたように、たとえば当直にあたっていた看護師室長たちは、帰宅前の毎朝七時には、夜間に起きた重要な出来事や日常の業務に必要なことを院長のバザーリアに報告していた。こうしたことを、医師との朝一番の会議——ここで一日の治療計画の詳細にいたるまで、医師たちはバザーリアに申し送りをすることになっていた——の少し前に、バザーリアは行っていた。

改革の主人公、そして証言者——〈狂人〉たちの物語

いずれにしても、患者の治療と続いて行われる対応やリハリビテーションの取り組み方の選択は、主治医や看護師と議論を重ねながら、また定期的に開かれていた病棟の自治集会《アッセンブレア》のなかで、バザーリアが検討していった。不運な境遇に置かれていた患者たちは、バザーリアを、自分たちを解放し人間そして市民としての尊厳を取り戻してくれた初めての擁護者であると認めた。しかしながら不当なことに、通常、彼らについて語られることは少ない。一方で、彼らについて語ることは、現在進行中の改革の真の深い意味について語るのと同じである。元通りに回復した患者たちは、一連のすべての出来事を通じてのもう一人の主人公であり、紛れもない証言者だからである。

そうした人々のなかに、トリエステの精神病院内の旧院長室だった住居施設「ローザ・ルクセンブルク」で暮らす、とても勤勉で親切な老婦人たちがいた。彼女たちは病院の訪問者を笑顔で出迎えるだけでなく、ときにはお茶を振舞ってもてなすこともあった。

また年若いスリのTは、交通量の多い都会でも信号には目もくれず、瞬く間に通りを横切ってしま

う人物だった。あるとき彼は、列車の通過を待たずに線路を渡ろうとして、トリエステの湾岸を走る列車に轢《ひ》かれて死んでしまった。そのTは、青い馬「マルコ・カヴァッロ」の物語に登場する、最も親しみ深い中心人物の一人だった。張り子の馬の腹のなかから、運悪く壊してしまった時計の代わりに素敵な時計を見つけたことは、彼の人生のなかでこの上ない大きな歓びだった。

知的で、繊細で、そして絵描きとしての才能に恵まれた若いLのような人物もいた。彼は、あまり使われていない建物の屋根裏に場所を見つけ、そこを自分のアトリエに改造して、マニコミオらしからぬ生活を送ろうと目論《もくろ》んでいた。後になって彼は、サン・ジョヴァンニ病院を出て、ささやかな職人としての生活を築いた。ときおり襲われる抑鬱状態に苦しみ続けていたとしてもである。そして彼は、その苦しみを――あたかも救いを求めるサインのように――色彩と悲痛なイメージに託して、キャンバスに投影した。その彼は、四〇歳を少し過ぎた頃、トリエステの湾岸道路で自動車の大事故を起こして、急逝してしまった。

また人を惹きつける魅力のあるおてんば娘のRがいた。ある晩、彼女はトリエステの警察署の目の前にあるローマ劇場の円柱によじ登り、警察官と彼女の主治医だったサルリ医師を含めた全員を凍りつかせた。彼女の人生は儚《はかな》かった。母親にも兄弟にも拒絶されていたので、幼い頃から隔離施設で過ごしていた。周期的に精神的な危機状態に陥ると、隠れてためこんでいた大量の薬を飲み込むか、手首を切るかして、自殺を図る衝動に駆りたてられた。けれども彼女の目的は、命を絶つことではなく、周囲から慰められ注目と愛情に包まれることだった。あるときなどは、世界保健機関(WHO)の各国専門家からなる委員会との格式張った会合の最中に、彼女が陽気にスケートをしながら、会議室に現

れたこともあった。しかし、バザーリアが予見していたように、ある日加減を見誤って、自殺を図る振りのつもりが致命傷になってしまった。

すべての者たちの生の物語が、必ずしも物寂しく悲劇的なわけではない。ペッペ・デッラックアは、著書『私の心臓を食いちぎるライオンを飼っているなら――トリエステのマニコミオの物語』のなかで、心をほっとさせる一例を報告している。ジョヴァンニ・ドーツという名の漁師で、イストリア半島からの避難民でもある人物は、町で敵視されていたマニコミオに閉じ込められ忘れ去られていた。その彼が、どのようにして「普通の」生活を取り戻すことができたのかが、その著書で、愛情と忍耐をもって語られている。

あるいは、必ずしも幸せとは言えない密やかな人生だったが、気前がよく陽気で快活な性格だったS・Pの物語もある。今日では、彼は家を構えて家族を持ち、サン・ジョヴァンニにある社会協同組合で働いている。改革が行われた現場に関心を寄せ、好奇心を持ってやって来る多くの訪問者のうちの一人に、彼はこう説明した。「以前、俺たちは、ここからただただ逃げ出したかった。けれども、今では、喜々としてここに戻ってくる。なぜかって、ここは美しいところだし、それにかつて囚人のように扱われていた場所で自由を満喫するのが好きだからさ」と。

サン・ジョヴァンニ地区の高台には、居心地のよいバール「苺のあるところ」《ポスト・デッレ・フラゴレ》がある。この場所で生活を営み働く人々にとって、また散歩でここを訪れる人々にとっても、このバールは大切な集いの場になっている。この店に通ってみると、カウンターの内側でも外側でも、たしかに一風変わっていて、どうにか平静を保っている様子の人々に出遭うことがある。しかし、彼らは、もはや尋常でない

サン・ジョヴァンニの敷地と，そのなかにある公園は，トリエステの若者たちが，入院患者(強制入院者および自発的入院者)と客《オスピテ》たちとの出会いや，娯楽を楽しむ環境を作り出した．トリエステの町は，大人向けの文化的な催しは豊富だったが，若者たちが楽しめる環境を提供できていなかった．トリエステの若者たちは，政治的な方向性の違いを超えて，ポップからロック，ジャズから民族音楽に至るまでの音楽を演奏したり聴いたりする絶好の機会を得た．また人々が出会い，踊ったりする特別な機会となった最初の場所が「苺のあるところ《ポスト・デッレ・フラゴレ》」だった．今日，この名称は社会的協同組合として運営されているバール兼レストランにあてられ，敷地内の高台にあるブライドッティ邸のなかに設けられている．

バザーリアが，精神病院院長室にしていたレンネル邸での記者会見．バザーリアとザネッティは，押しかけて来たジャーナリストたちに，マニコミオの閉鎖を宣言した．最前列に座っているのはドメニコ・カーザグランデ．

苦しみに悩まされることなく、明日に向けた選択の可能性を抱えて、自分たちの現在と未来とを見つめている。

対立と協力の構図

トリエステ県政府とバザーリアとの間で入念に計画を練り上げていくことは、息をつく間もない作業であり、何よりも周囲の人々を巻き込んでいくものだった。県庁が置かれた市街中心部のヴィットーリオ・ヴェネト広場の古い館では、夜遅くになっても、たいがい窓の灯りがともったままだった。かりに不測の事態が起きたとしても、仕事を投げ出すつもりはなく、細部までいっさい手を抜くつもりもなかったからである。バザーリアは、マニコミオ内部で進められている諸々の事業報告を行った。そして所轄の議会の

委員会では、政治・行政側の質問者からの絶え間ない要求や釈明を求める論戦に応じた。社会・保健分野における前例のない実験の進展について、世論を日々刷新させるために有効な透明性は、いつでも担保されていた。幾度となく行われた県議会の会議のいずれについても議事録が残されているように、県代表のザネッティは、現在の状況はどうか、どの程度まで取り組みが進んだのか、どのような困難に直面しそれはどのように解決されたのか、また何が達成されたのかなどを報告した。

しかし、そうした最中に巻き起こったのが、手厳しい批判キャンペーンだった。ゴリツィアのときと同じように、その矛先はサン・ジョヴァンニ地区で始まった治療活動の展開に向けられていた。批判をする人々は、マニコミオにおける従来の患者への対応からすれば、新たな治療は違反であり、加えて治安と人々の安心・安全を侵害するものだと考えていた。こうした物言いが、トリエステの地元紙『イル・ピッコロ』の紙面で繰り広げられたのである。さらにカトリックの保守層のなかでもこうした動きがあり、それが週刊誌『ヴィータ・ヌオーヴァ』に掲載された。そこではマニコミオの病棟の開放が痛烈な批判の的となった。患者たちの間で男女の区別がなくなり、彼らが自由を享受するようになれば、公共の道徳性に重大な危機をもたらす恐れがあると糾弾された。また、新聞紙面では、編集主幹と県代表ザネッティとの間で論争が勃発した。

こうした互いの立場をめぐる争いの反響は、バザーリアの試みは本当に効果があるのかどうかという疑念を世論に植えつけながら、全国紙でも異例の頻度で取り上げられた。おそらく、この明白な対立に無自覚だったのだろう県医師局——マニコミオを含めた医療機関の保健・衛生環境を監視する任務を負っていた——は不注意なスポークスマンだった。

精神病者が抱える諸問題への取り組み方に根本的な変化が現れ始めた矢先、事件は起きた。統合失調症の患者ジュリアーノ・サヴァリンが起こした悲劇だった。彼は何年も前から、短くない期間、精神病院に入院していたが、主治医が発行した規定の退院証明書を受け取って退院した。退院には院長の承諾が必要だった。退院を許可するための最初の決定は、数年前までマニコミオを指揮していた前任者のダニーロ・ドブリーナが下したものだった。一九七二年の二月、精神的な危機状態に陥った後、病院に収容されていたサヴァリンは、バザーリアの許可を受けて退院した。この決定には、サン・ジョヴァンニ精神病院で同患者を担当していたルーチョ・ダミアーニ医師も全面的に同意した。こうしてサヴァリンは家族のもとへ戻った。家に連れ戻そうとしていたのは、他でもない彼の両親で、彼は町外れのアクイリニアへ帰っていった。医師たちは彼の病状は十分に安定していると考え、ともかく精神衛生センターの医師たちが継続的に彼を観察していくものとされた。しかし、しばらくして些細な家族の内輪喧嘩のすえ、サヴァリンは年老いた両親を二人ともナイフで刺し殺してしまった。両親は息子の心理状態と障害を十分に理解することができなかった。どうして仕事探しに一生懸命にならないのか、なぜ息子の治療費の支払いに怯《おび》えなくてはならないのかと、彼に不平をぶつけ続けていたのだった。

事件は一大センセーションを巻き起こした。深刻な殺傷事件の反響は、世論に対しても深いトラウマとなった。またこのことは、バザーリアへの攻撃と〈狂人〉たちの解放という挑戦に対する攻撃が激しく再燃する引き金となった。そしてわずか数日後には、サヴァリンの事件に加えて、ある高齢の女性の事件も重なった。彼女は、病院を出た後に行方不明となり、数日後、付近の森で発見されたとき

には、すでに死亡していたのだった。
マッシミリアーノ・ベルサッソ医長がある患者に負わされた衝撃的な傷害事件も思い出さずにはいられない。その患者は、サン・ジョヴァンニ精神病院のベルサッソ医長がいる病棟に入院していた。彼は強制収容所で生まれ、その直後に、両親が虐殺されたという痛ましい家族の歴史を背負った若者だった。それゆえ、幼少期のほとんどを収容所で過ごしていた。彼は優れた知性を授かった秀才で、精神病院に入院している間も勉強に励んだ。バザーリアが着任してからは、公務員として採用されることを目指して何度も試験に臨んだ。しかし行政の側は、彼の出自を知ると採用を見送るのだった。彼は、たとえマニコミオを出ても、これまでとは違う人生を築くことができないことに憤慨した。そして、痛ましいことに自分の不幸をベルサッソ医長のせいにしてナイフで刺し殺してしまったのだった。

度重なる抗議や異議申し立ては、司法府への請願や告訴にまで発展した。論争の波は、トリエステの町だけに留まらず、堰《せき》を切ったように拡大していった。専門家、社会学者、精神科医、あるいはイタリア国内のどこにでもいる特別な信条もない、さほど名の知られていない人々にまで発言が求められ、彼らもまたそれに応える立場にあると思い込んでしまうほどだった。しかし、激しい論議や論戦は、決定的に重要な知らせが届いたことで、少なくともいくらかは収まった。それは、ジュネーヴに本部が置かれた世界保健機関からの知らせだった。ヨーロッパ地域を管轄する世界保健機関の事務局は、コペンハーゲンに置かれていた。そして、幹部職員と専門家による一連の視察と報告の後、トリエステはＷＨＯ精神医療・精神保健の「パイロット地区」に指定されたのだった。こうしたトリエス

テの地位は、約二〇年間、変わらず維持された。学術的な観点から、医療活動と組織の両面で最大級の公認という後ろ盾を得たおかげで、バザーリアはどっしり腰を据えて活動を続けた。

世界保健機関の承認を得たこともあって、やがてトリエステには、西ヨーロッパの国々だけでなく、東ヨーロッパ諸国、南アメリカ、そしてオーストラリアからも、ますます多くの研究者や職員がやって来るようになった。トリエステのマニコミオで行われている治療の具体的な成果を評価するためだった。こうした専門家たちの行き来は、年を追うごとに定着していった。なぜなら、もう一つの精神《オルタナティヴ》医療の取り組みは、今日でもなおトリエステ発祥の医療のなかで、絶大な関心を集める分野だからである。

治療チームの結成

そうこうする間に、バザーリアはゴリツィアでの経験を再び病院内部に取り入れ、自治集会《アッセンブレア》の実験を開始した。自治集会《アッセンブレア》とは、患者、看護師、医師たちそれぞれが、主人公として対等の立場で会する集まりだった。

さらには、新たな医師の採用にも乗り出した。変革を推し進めるためには、時間とエネルギーを惜しみなく注ぎ、精神疾患に向き合いながら、革新的な方法に取り組む用意のある若手の精神科医、社会学者、心理学者たちが必要だった。〈狂人〉たちとの関わりのなかで、彼らは通常とは異なったアプローチを試みる気概を見せた。過去との断絶をほぼ決定的にするために、バザーリアは県行政にある説得を行った。すなわち、新たな医師の採用試験を直ちに実施するのは得策ではなく、むしろ予算と

して割り当てられた資金を、大学の新卒者たちが専門的な訓練を受ける奨学金として活用すべきであるということだった。こうして組織の一員になるはずの新米医師たちは、マニコミオで与えられた任務を成し遂げられたか否かで順次選抜されていった。その後、彼らは組織に就職するための公募試験を受けるのだった。

こうして集められた人々のなかには、一九八〇年、バザーリアの後任となる精神科医のフランコ・ロテッリがいた。彼は〔北イタリア・ロンバルディア州の〕カスティリョーネ・デッレ・スティヴィエーレの司法精神病院の職をなげうって、トリエステにやってきた新卒者だった。ロテッリは、ラテン・アメリカといった開発途上諸国との協働に尽力し、〔南イタリア・カンパーニャ州の〕カゼルタの保健サービス公社の総局長を務めた後、トリエステ保健サービス公社の総局長となった。ジュゼッペ・デッラックアも、こうしてトリエステにやってきた若者たちの一人だった。バザーリアとロテッリの後任として、デッラックアがトリエステ精神保健局長になるのは前述の通りである。

看護師に対しても、一定水準の専門職研修プログラムが課された。それは革新的な取り組みからもたらされる新たな課題に、看護師たちを向き合わせるためのものだった。この分野でも過去との断絶は明らかだった。一九六〇年代までのイタリアでは、社会階級の区分が依然として明確だった。そしてマニコミオへ入院する者たちは、誰もが最貧困層に属していた。看護師たちも同様の社会層の出身であり、「心身ともに健康」という唯一の要件を満たすことで選ばれた人々だった。しかし新たな状況で求められたのは、日々患者を支援する専門職としての質をはっきりと向上させることだった。看護師と患者の関係性において、両者が言葉遣い、社会階層、そして少なくとも家族や集団の歴史を共

われわれトリエステ県立精神病院の
入院患者と職員は，
みんな同じ釜の仲間である．
われわれだっていっしょに釜をかき回したい！

有していることが、変わらず重要だったとしてもである。

たくさんの若者たち、さらに医師や看護師たちが、トリエステにやって来ることを選んだ。イタリア国内の他の地域からのみならず、ドイツ、フランス、スペイン、南アメリカなど、またその他の国々からも人々が訪れた。彼らは「過ぎ去った」六八年の生還者[6]だった。トリエステという町は、おそらく非常に数多くの六八年世代の「避難民たち」が、自らの社会的責務と職業的使命を実際に果たす可能性を持ちえたヨーロッパで唯一の場所だった。彼らは、自らの掲げた理想を諦めることもなく、また自分たちが変革を望んでいた社会によって、「丸め込まれ」たり「買収される」こともなく、想いを成し遂げられることを示してみせたのだった。

このように、人間形成のための取り組みがいつでも最重要視された。サン・ジョヴァンニのマニコミオに社会的な役割を失わせず、大いなる冒険の安売りもさせず、それを砂漠のなかの大聖堂のようにはしないためでもあった。その場所を精神疾患から派生する問題に関わる誰に対しても、開かれた変革の拠点にする必要があった。

多岐にわたる複雑な病の症例について、バザーリアが述べることになるのは、まさにその教えをどのように伝授するのかということだった。「私たちのなかには、サン・ジョヴァンニ病院で行われている実践が、どのようなものかについて、「同僚」にさえ、私が何も伝えなかったと非難する者がいる。しかし、いったい何を伝えるというのだろう？　ここでの方針は、つまり患者を本人たちにとっての身近な人々のもとへ戻していくことだが、解決すべき特殊な例は、数限りなく存在するので、「精神医療マニュアル」といった規則などありはしない。あるのは一つの目的と、そこへ辿り着くためのたくさんの方法である。そして、その方法は、その都度発明してゆくものなのだ。」

一九七〇年代初頭のサン・ジョヴァンニには、視察や資料収集のため、あるいは講義を行うために高名な研究者たちが訪れた。そのなかには、心理療法医のミケーレ・リッソ[7]、ボローニャとトリエステの大学で心理学教授を務めていたジャンフランコ・ミングッツィ[8]、神経精神科医であるフライル・テルツィアン[9]、衛生学者でミラノ大学教授のジューリオ・マッカッカロ、心理学者でイタリア学術会議の心理学研究所所長だったラッファエッロ・ミシィティ[10]がいた。こうして新米の医師たちは、精神科学、社会学、心理学、薬理学における素養を深める機会を得た。ここでの教えのすべては、精神病者にアプローチしていき、彼らを支援するという新しい手法で行われた。トリエステ精神病院は、真の意味でまさに実践的な大学へと姿を変えていった。様々な国々のなかで、各分野を代表する研究者とのつながりを絶えず維持していたからこそ可能なことだった。

精神病者へのアプローチの方法が変化し、問題が重層化したことに対応して、その問題に果敢に取り組んでいくような、新たな専門技術者の集団が形成されていった。それは間違いなく、バザーリア

がもたらした最大の功績の一つだった。彼は、精神疾患についての新たな諸原則を繰り返し主張して以降、文化面でのこうした革新が急務であることを感じ取っていた。

トリエステでは、実際に試験的に様々な方法を取り入れ始めていた。それらの方法は、解放者であろうとする衝動に駆られた革新的な理論、つまり抽象的な取り決めに基づくものではなかった。むしろ、それ以前に一部だけが活用され、試みられてきた良質な実践に基づいたものだった。そうした際、院長バザーリアと若い医師たちとの間で、摩擦や緊張が生じたこと、またはその兆しが見られることもあった。しかし、誰もが認める彼への敬意が失われることは決してなかった。たとえば、無私の衝動に突き動かされて、貧困者のための公営の寄宿舎「ガスパーレ・ゴッツィ」を「乗っ取った」り、その後は、「船員の家」を占拠して、世間を騒がせたこともあった。こうした騒動や揉《も》めごとを、丸く収めたり、解決することもバザーリアの役割だった。

トリエステの精神病院は、一九六八年の異議申し立ての世代が、財力や政治権力に隷属させられたり、失望のあまりテロリストに転じたりすることなく、自分たちの掲げた理想を実現する機会を得た場所だった。広い範囲から眺めてみても、こうした場所は、トリエステを除いて他には存在しないだろう。

地域社会への帰還——住居、職業、市民権

バザーリアは、自分自身が使用権を持っていたマニコミオの敷地内の宿舎には住み込まず、そこを「グループ・ホーム」として作り直して運用し始めた。実際、彼は自分用の宿舎を入院していた一〇

名ほどの女性たちに空け渡した。新たなかたちの共同生活にそれぞれがどれくらい順応できるのかどうかを勘案して選び出されたのが彼女たちだった。彼女たちは新しい生活環境に非常に前向きな反応を見せた。食事の準備をしたり、掃除をしたり、同居人への配慮も見せ、必要なときには互いに協力しあった。彼女たちは、集団としても個人としても、実質的に独り立ちしていった。おそらく予想外だったろうが、目を見張るほどの責任感も示した。彼女たちの応対は、決定的に改善されていった。そしてまさにアパートに入居しようというとき、ある微笑ましい出来事が起きた。アパートの部屋は邸宅の二階にあり、廊下の突き当たりには、病院の経理担当者の部屋があった。バザーリアは、彼女たちを新しい住まいに案内し、他の人たちに迷惑をかけないよう忠告した。ところが、その忠告を気にかける様子もなく、彼が目にしたのは、そのうちの一人が部屋の呼び鈴を鳴らす姿だった。バザーリアが厳しく咎《とが》めると、婦人はこう言い返した。「まあ先生！　だって、お隣さんとお知り合いにならなくちゃいけないでしょう！」

こうして用意周到に、けれども、取り組みに再考が迫られたり、迷いを抱いたりすることもなく、精神病者の集団の「解放」が開始された。患者たちのほとんどが、病院を出て、アパートに移された。そのとき患者たちは、いつでも医師や看護師たちに付き添われていたが、町を自由に動き回り、自分の望み通りに生活することができた。従来のマニコミオでの生活と比べれば、明らかに彼らは解放の身となった。医師たちは町なかで住居の確保に奔走し、町の中心街にある空きアパートの賃貸契約を自分の名義で結び、そこを患者たちの住まいとした。そのときいつでも心掛けていたことは、ある程度、性格に共通点があって、しかも共同生活ができそうな者同士を一緒に住まわせることだった。こ

うした共同生活は、地域精神保健センターの開設に先立って行われたが、この活動は長くは続かなかった。というのは、ラルゴ・パンフィーリ地区にあるアパートのように、患者が他の部屋の住人に迷惑をかけてしまうことがあったからだった。そして結果として、不動産市場で新しい借家を見つけ出すことが、非常に難しくなってしまったのだった。

こうした「厄介者たち」のなかには、実際に家族のもとに戻った者もいた。再開された共同生活をどう乗り切るのかという、親族たちの心配の種となっていた繊細な時期を経て、ようやく家族のもとへの帰還がなされた。さらに、障害者市民《インヴァリディタ・チヴィーレ》として認定されるための行政上の手続きが、すべての者に対して行われた。こうすることで社会年金のかたちで、国から給付金の支援を得ることができた。これが絶対的に重要な意味をもつ対策であることは明らかだった。治療面でも同じことがいえた。というのも、それは退院した者たちが一定の経済的な自立を確保することにも役立ったからだった。

二〇年以上が経ってみると、こうしたことは当たり前で、さほど目新しいことのようには見えないかもしれない。しかし、実際はマニコミオの内部の規則で管理された生活こそが、当時では「当たり前」であって、それと比べてみると、このような数々の変化は革新的だったのである。

マニコミオの閉鎖を定める法律に先立って、部分的にではあれ、閉鎖される施設に代替する補助的な仕組みが築かれた。それは当時、闘いに身を投じた人々によって成し遂げられた多大な功績といえた。バザーリアと彼の治療チームから始まり、それに関わる行政側の人間までをも巻き込んで、イタリアではマニコミオから精神病者たちを解放する活動が開始された。それまでマニコミオは監獄と同様の施設とみなされており、そこでは患者は尊厳を奪われ、ついには人間とはほど遠い、人間として

の顔を持たない存在にまで変容させられると考えられていた。

革新的な取り組みが続いている間、精神病院内部での活動も休むことなく行われ、様々な進展がみられた。そのなかでもたいへん興味を引き、効果が表れた——それは治療の面からもいえる——のは、労働協同組合の設立に漕《こ》ぎつけたことだった。これは入院患者たち自身の直接的な貢献があって生まれたものだった。当初は「団結労働者社会協同組合」として発足した(その後、フランコ・バザーリアの名前を冠した団体名に改称された)。同組合は一九七三年に設立され、病院施設内のいくつかのサービスを運営するかたちで始まった。各部屋や調理場の掃除、施設を取り囲む公園の清掃などを受け持ち、その初期段階には、六〇名ほどの患者たちが参加していた。患者たちは、従来の作業療法の際に認められていた形ばかりの報酬を得るのではなく、労働契約で定められた給与体系に基づいた規定の報酬が保証された。

続く数年の間、とくにバザーリアの死後になって、協同組合が次々に設立された。この分野に弾《はず》みがついたのは、フランコ・ロテッリのおかげだった。彼は数多くの患者たち一人一人に仕事を提供していった。なかでも、精神障害、薬物依存症、アルコール依存症に苦しむ者、あるいは切羽詰まった状態にある者には、とくに優先的に労働の機会が与えられた。

ところで、バザーリアが始めた独自の取り組みのなかで、彼がとった行動を取り上げてみよう。労働契約の更新に際して、県職員が呼びかけ人となって全国ストライキが行われたとき、バザーリアは県行政にある提案を行った。もちろん彼は、ストライキに訴えることの正当性に異論があるわけではなかった。しかしバザーリアは、ストライキの最中、マニコミオの入院者たちが食糧不足に陥り、我

慢を強いられるのではないかと懸念していた。そうした事態を打開したのは、リーガブーエ社という会社への一本の電話だった。機内食の包装と搬入を専門に行っているこの会社のおかげで、サン・ジョヴァンニ病院の患者たちは、飛行機の乗客が食事をするときと同じ器に盛られた暖かい食事を受け取れることになったのだった。

後に閉鎖されてしまうとはいえ、期間を限ればいくつかの取り組みが実現された。そのなかで最も異彩を放っていたのは、ある美容院だった。元々は責任者の名前を取って、「ヴェスナ」と呼ばれていた。そこでは入院していた女性患者のために、美容院としての仕事が開始され、後にエステサロンとなった。他にも、有機栽培の野菜と果物を販売する店、演劇工房、スポーツジムといった活動が行われた。このように、〈狂人〉たちが町に飛び出していくのに対して、「病院の外部」の人々は、変化を遂げていたマニコミオのなかに入り込んでくるという表裏一体の動きが起きていた。

バザーリアは、絶えず人々を説得し、鼓舞し続けた。それは医師や看護師から大勢のボランティアにいたるまで、医療現場の内外を問わず、職員たちの士気をいつでも高い水準に保つためだった。その際、彼らが勤務時間や職務が専門外かどうかにかかわらず活動できるようにした。さらに世論を喚起する取り組みも継続して行った。バザーリアは、トリエステに留まることなく、イタリア国内の様々な県や他国で行われる講演会、会議、デモに参加し、数多《あまた》の人々を巻き込みながら活動を展開していった。

一九七四年には、「民主精神医学」が発足した。全国規模の二つの重要な会議によって人々に記憶されている専門技術者とスタッフたちが所属する協会だった。「民主精神医学」は、文化的・政治的

風土から生まれていて、その風潮はイタリア裁判官協会のなかの左派の流れを汲《く》んだ「民主司法官」から着想を得たものだった。

バザーリアの人的ネットワークと文化活動

マニコミオの病棟から患者が次第に姿を消し、病院としての役割が低下するにつれ、文化的な活動がますます盛んになった。バザーリアもそうした活動に個人的にかかわり、とくに旧友や新たな友人たちと連絡を取り合っていた。彼らはサン・ジョヴァンニで生活するコミュニティに対してだけでなく、トリエステの町に対しても、一連の取り組みを提案していた。そうした取り組みを軌道に乗せ、拡大させるべく協力しあっていた。そこでバザーリアは、文化的な特色をもった提案の促進者としての役割を果たしていた。そして、彼が描いた計画の全体像を追求しながら、身分や立場の異なる才人たちを惹きつけ協働させることに成功した。

例えば、ここで忘れてはならないのは次のことだろう。出版社エイナウディにとって、バザーリアは刊行物の執筆者であるだけでなく、助言を求める相談役としての友人でもあった。彼は、このトリノの出版社の出版方針をめぐる定例会議にいつでも出席していた。そうした状況のなかで、バザーリアはジューリオ・ボラッティとの深い友情を確かなものにし、これを育んでいった。ボラッティはエイナウディ社の歴史にその名を刻む編集長だった。後になってボラッティと出版社との関係が途絶えてからは、彼は自ら設立したボラッティ・ボリンギエーリ出版社を切り盛りしていくことになった。

こうした年月のなかで、人々の興味を惹き、また当時をよく表す出来事の一つとして、マニコミオ

1970年代の半ば頃，サン・ジョヴァンニの敷地内にある建物の外壁には，たくさんの落書きが出現した．こうした数々の絵の記録はおそらく失われてしまったが，マニコミオについての物語や出来事が，次第に姿を消していくのをこれらの絵が語り伝えていた．こうして政治的な主張，フェミニストと一目でわかる言い回し，あるいはもう少しシンプルな風刺的な落書きが現れた．この写真には，県立精神病院の外壁を背にしたバザーリアが写っている．外壁には，ウーゴ・グアリーノによって描かれた飛行機の下に，「〈狂人〉たちは外へ，内に残るのはバザーリア！」と刻まれている．

の病棟の外壁に、落書き、好奇心が掻き立てられる絵、そしてスローガンなどが描かれるということがあった。そのなかには、入院者たちの解放を称える「自由こそ治療だ」といった言葉から、運動が開始された当初に記された、フェミニストの文句により相応しいといえる「従順で愛らしい女性など、もはや美徳ではない。私たちが望んでいるのは、パンと薔薇《ばら》なのだ」といったものがあった。さらに、フランコ・バザーリア個人に向けられた、彼を揶揄《やゆ》する「〈狂人〉たちは病院の外へ、内に残るのはバザーリア！」という文句もあった。またバザーリアに反対するものとして、当時最も厳重だった〔サルデーニャ州北西部〕アジナーラ島にある刑務所所長に彼を立候補させようとする言葉もあった。またフランス語で描かれた言葉もあった。それは一九七七年の秋、精神医療国際会議「レゾー」が開催された際、「マルジェ」の集団がこの地を訪れた痕跡だった。今となっては、これらの落書きのうちで目で読み取れる状態で残っているものはわずかである。しかし、これらの落書きが写真に収められ、様々な文献に写し取られていることは喜ばしいことである。なぜなら、それらが、ある時代を生き生きと描き出すアンソロジーを作り上げるからである。それはトリエステ精神病院が社会における記念碑的な出来事の舞台になるのと同時に、そうした出来事の無言の証言者となり、さらにそれらが別の場所へと波及していった時代のことである。

トリエステの精神医療が切り拓く新たな道のりを、最も象徴的かつ鮮明に表しているのが青い馬「マルコ・カヴァッロ」をめぐる数々の出来事だった。

またこの時期に固い絆で結ばれていた著名人たちについても忘れることはできない。ジャズプレーヤーのオーネット・コールマン[11]とジョルジョ・ガスリーニ[12]。当時、輝かしいキャリアの幕開けを迎え

ていた歌手で作曲家であるジーノ・パオリ[13]、フランコ・バッティアート[14]、モーニ・オヴァディア[15]、アルフレード・ラコセリャーツ[16]。そして、アドリアーノ・チェレンターノのグループですでに活躍していたトリエステ出身のロレンツォ・ピラート[17]らのことである。

また、ダリオ・フォー[18]との友情も同じく重要である。彼はトリエステの町やサン・ジョヴァンニ病院に自分の作品を持ち込んでは、ヴェネツィア出身のバザーリアとルッツァンテ[19]の表現法や綴《つづ》りについて議論を楽しんでいた。俳優兼劇作家のダリオ・フォーは、ルッツァンテの作品の熱烈な愛好者で、その作品から彼自身が語り手となる独自の芝居への着想を得ていた。

ウーゴ・グアリーノも忘れることはできない。彼は、天才的なグラフィックアーティストにして彫刻家であり、画家でもあった。そして「虹」という一連のイベントの立案者だった。彼は何千枚もの大判の画用紙をイタリアのすべての学校に配布し、生徒たちにある提案を行った。それは、地域生活において、マニコミオが閉鎖されたことについて、また解放者としてのバザーリアの取り組みの重要性について、絵画やデザインを通じて、生徒たちに見解と評価を表現してもらおうという提案だった。

トリエステに招かれた様々なアーティストたちは、数多くの表現活動や公演を行い、人々の称賛と喝采を博した。それは精神病院にいた患者たちからだけでなく、常にこの地に押し寄せ、増加の一途をたどっていた多くの市民たちから送られたものでもあった。市民たちは、マニコミオの一部の建物で「Ｐ棟」と呼ばれていた工房に通っていた。現在では、この建物はトリエステ大学付属の自然科学研究所の本部となっている。

バザーリアとダリオ・フォーは，ルッツァンテのヴェネト・パドヴァ語の語法とダリオ・フォーの演劇について共通する知識をもち，しかもその語の綴り方の好みが似通っていた．もう一つの《オルタナティヴ》精神医療を唱える「レゾー」の荒れ模様の集会が行われている間，後にノーベル文学賞受賞者となるダリオ・フォーは，スロヴェニア常設劇場において，今や彼の十八番の演目の1つになった「ワンマンショー」を披露した．
1974年の春に撮影された写真で，偉大な黒人ジャズ奏者オーネット・コールマンが，マニコミオの運動場でコンサートを開いた様子．このコンサートの開催には，入院患者たちに加えて，精神医療サービスとは無縁の1000人を越える人々が協力した．

施設と地域の壁の破壊

〈狂人〉たちが暮らす新たな世界へ向けて、トリエステという地域を覚醒させること――これは街の中心部を練り歩く青い馬「マルコ・カヴァッロ」の行進で最高潮に達した。その行進に巻き込まれたとき、人々は目覚めたのだった。しかしこの行進に際して、支障が出たり、衝突が起きたりすることは目に見えていた。したがって、バザーリアの治療チームのなかで最も急進的な一派は、まだ解決すべきことが残されているうちに行進を行えば、入院者たちの解放について人々に誤ったシグナルを発する恐れがあると危惧していた。こうして始まった議論は、夜通し続けられたが、それでも「マルコ」は、病院の外に駆け出していったのである。

一九七三年三月の日曜日、木組みの張り子でできた巨大な青い馬は、何百人もの精神病院の患者たちに伴われて外に出た。彼らは、多少の気後れや戸惑いを抱えつつも、賑やかなお祭り騒ぎで歓喜に満ちていた。行進は、サン・ヴィート地区にある「エドモンド・デ・アミーチス」学校で行われた地区の祭りでお開きとなった。トリエステの町では、当初、人々は尻込みしていたが、やがて行進に合流した多くの人々の拍手喝采と激励とともに、「マルコ」とマルコの女友達が描かれた人形、そして同伴者たちは人々に迎え入れられた。それはあらゆる意味で空前絶後の忘れがたい事件だった。新聞、ラジオ、テレビはこの出来事を大々的に報じた。おそらく、いくつかの面で挑発的なやり方だったとしても、精神病患者に歩み寄るという問題を市民の感受性に強く訴えるまたとない機会だった。ゴリツィアでの実験と比べても、トリエステの試みは、少なくとも部分的には非常に大きな前進を遂げたと評価されるべきである。おそらく、バザーリアにはそのときまでは確信がなかったが、自らの知性

青い張り子の馬マルコ・カヴァッロの頭部を取り外してみたものの，マニコミオの外には運び出せなかった．バザーリアは，公園にあったベンチを利用して，備え付けの鉄製フェンスを打ち壊した．こうして初めて記念碑的な存在である馬は，トリエステの町へ飛び出していき，自由と歓喜のメッセージを届けることができた．

とエネルギーを注ぎ込み、目指してきたゴールまで残りわずかだと悟った。今や、マニコミオは開放された、そして、それを完全に閉鎖することがゴールであると理解したのである。

バザーリアがトリエステのマニコミオで指揮をとることになったとき、そこには約一二〇〇名の患者が入院していた。しかし、その後三年余りが過ぎてみると、その数は八五〇名を下回るまで減少していた(一九七九年にバザーリアがトリエステを去ったとき、この場に残っていたのはわずか一三〇名で、その内訳は高齢者とベッドに寝たきりの九名だった)。もはや多くの患者たちは、移動の自由を謳歌していた。マニコミオの敷地を下ったところにある巨大な鉄格子の扉は開け放たれており、患者たちはそこを出たり入ったりしていた。わずか数年前までは、この扉には刑務所のようにかんぬきが指し込まれていたのだった。

〈狂人〉たちが町へ「侵入」を始め、さらに町が狂気を受け容れ始めた。当初は、とりわけ精神病院のあるサン・ジョヴァンニ地区では、住民たちが不安がったり警戒心を抱いたりということがあった。というのも、自由の身になった患者たちのなかには、マニコミオの外での生活上の規則を知らなかったり、もしくはそれを忘れてしまった者がいたからだった。ときには執拗に施しをせびったり、酔っ払って通行人に迷惑をかけたり、また相手を閉口させるまで、際限なくおしゃべりに付きあわせる者もいた。そうした振る舞いは、たいてい普通の人と同じように扱われていると感じたいという抑えがたい欲求、そして自由に生きていく術を身につけなければならないという切迫した欲求から発せられるシグナルだった。住民たちが、こうした者たちの存在に慣れ、不運を背負わされてきた人間の悲劇の深さを理解し、さらに、彼ら自身が生きている実感と他者から受け容れられているという感覚を持

つ必要があると納得するまでに、さほど時間はかからなかった。他方では、〈狂人〉たちも自由であることに慣れ、まもなく新たな興味や関心を見出すようになり、人々と会う約束をし、つねに誰かに頼らなくても時間を過ごせる術を見出していった。

根強い反対と組織的抵抗

それでもなお、町には〈狂人〉たちに抵抗する勢力が留まり続けていた。こうした勢力は時間が経つにつれて減少の一途をたどったが、市民生活のなかに〈狂人〉たちの姿が見られるようになればなるほど、いっそう強く改革に反対した。改革は人々の混乱を招くものであり、一切拒絶すべきだと彼らは考えていたからである。こうした反対派が表明し続けていたのは、バザーリアたちの実験が成功するかどうかという疑念ではなかった。むしろ、自分たちの先入観に基づく敵対心、そして町の通りや広場を〈狂人〉たちが自由に歩き回るという事態を目の当たりにしたくないという拒絶心だった。あるいは、安心が脅かされることへの恐怖心だった。こうして行政や警察当局への抗議、新聞への投書、講演会や論争などが増加し、それによって、さらに抵抗や憎しみが生み出され、掻き立てられていった。新聞の三面記事に登場する異常な出来事は、すべてバザーリアと彼を支持する人々の責任にされた。過度の飲酒で多少の面倒をかけた事件、些細な詐欺事件、窃盗を目的とした時々生じる傷害事件、精神病院の敷地内で起こる実行犯を特定できない破壊行為といった事件だった。ほとんど同一人物が新聞の読書欄に投稿して、こうした事件を読者に強く印象づけようとしているのではないかと疑う人もいた。また考えられないほどの絶妙なタイミングで、不安や恐怖心を見せつける監視役のような者た

車輪の付いた木枠に載せられたマルコ・カヴァッロの周りには，人々が集まりトリエステの町を横切って旅に出ようとしている．馬の隣には，騎手のヴィットーリオ・フランコがいる．彼はヴェネツィアの彫刻家で，ベルトルト・ブレヒトの青い馬についての詩に着想を得て，馬を青く塗ることを提案した．

ちがいて、町に潜伏し穏やかな暮らしを妨げる「敵」に抵抗を企てるように命じられているのではないかと訝《いぶか》しむ声もあった。

バザーリアと自由の身になった〈狂人〉たちに関しては、ジュリアーノ・サヴァリンが二人を殺害した事件についての最初の申告と告訴があった後もその他の訴えが続き、そのなかには匿名によるものも少なくなかった。トリエステの控訴裁判所〔日本の上級裁判所に相当〕でこうしたことが起きたとき、検事総長を務めていたのはアントニオ・ポントレッリだった。

最終的には、バザーリアのもとに、手におえないほどの訴訟手続きが寄せられた。しかし、バザーリアがこうした困難に足止めを食わされることはなかった。彼には手にしていた成果に裏付けられた深い確信、そして正しい道を歩んでいるという強い信念があった。また世界保健機関からの承認という揺るぎない事実もあった。こうしてバザーリアは慢性的入院者と結びついたマニコミオという施設を解体するべく、自身の計画を引き続き前進させていった。

一九七五年、ある種の報復戦といえる、最も象徴的な衝突が起きた。それはバザーリアの取り組みや〈狂人〉たちの解放に反対していたあらゆる人々との闘いだった。また同年には、トリエステの法廷で、〔退院患者の起こした〕複数人の過失致死事件に対して、バザーリアらの責任を問う裁判が開かれていた。

起訴内容は、息子であるジュリアーノが引き起こした、母のカテリーナと父のジョヴァンニ・サヴァリンの殺害事件をめぐるものだった。そこでは、バザーリアに加えて、主治医のルーチョ・ダミアーニ医師とムッジャ精神衛生センターのエドアルド・デ・ミケリーニ医師が罪に問われた。予審では、

「法的な根拠が希薄」であるという理由で、二人は無罪となった。しかし、検察側はこの決定を不服とし、訴訟手続きは法廷に移されることになった。その後、度重なる公判を経て、裁判所はフランコ・バザーリアとルーチョ・ダミアーニに完全無罪の判決を下した。一方で、デ・ミケリーニには、監督者の立場にあった精神衛生センターでの治療に落ち度があったとして、執行猶予一年の有罪判決が言い渡された。

この裁判は、国内外で非常に大きな反響を巻き起こした。ジャン＝ポール・サルトルがバザーリアを擁護するための声明を発表したこともあり、あらゆる主要なメディアがこぞってこの裁判に関する記事を掲載した。バザーリアという人物、そしてゴリツィア時代から変わらない彼の行動につきまとう論争は、いまや周知の事実であり、誰もが知るところとなっていた。マニコミオの院長であるバザーリアの弁護団は、カルロ・アミゴーニの法律事務所に間借りした。アミゴーニ弁護士は、おそらく、当時のトリエステの弁護士界で最も名の知られた権威ある人物だった。彼は社会的・文化的重要性の高い弁論が行われる際、その起草者でもあった。また弁護団のなかには、大学の教員であり、後に憲法裁判所長官および法務大臣となるジョヴァンニ・コンソがいた。他にはアンドレア・マラグジーニがおり、彼はミラノ出身で左派の代表的人物であり、数年後には憲法裁判所判事となった。

法廷の論戦は熾烈《しれつ》をきわめた。バザーリアに対する起訴内容は、〈狂人〉たちを精神病院から退院させるという決定を下した彼の浅はかさや軽率さを罪に問うものだった。バザーリアの決定によって、マニコミオから退院者が数多く出たが、その決定は単に彼の理論上の信念に基づいているだけで、精神病院での治療は、有害かつ無益であるという彼の方針を実行に移したものだと主張された。

1975年の11月，サヴァリンの裁判が行われるなか，フランコ・バザーリアは，アルド・ヴィゾッリ博士が裁判長を務めた法廷に立っている．元入院患者のサヴァリンは，入退院を繰り返した後，彼の治療はムッジャの精神衛生センターに引き継がれた．しかし，激しい喧嘩の末にサヴァリンは両親を殺害してしまった．この事件は，マスメディアに大きな反響を巻き起こした．バザーリア(右隣りにいるのはミケリーニ医師)は，ジョヴァンニ・コンソ，アンドレア・マラグジーニ，カルロ・アミゴーニからなる弁護団に弁護され，完全無罪を勝ち取った．

それに対して、バザーリア側の弁護人は、マニコミオに居続けたことで入院者たちが被った甚大な被害について膨大な文書資料を提出した。社会復帰に向けて長期入院していた患者が解放されていったが、彼らの行動を考慮すれば、十分に自立して生活を営むことができた者はごく一部だった。ジュリアーノ・サヴァリンについては、バザーリアは、繰り返し息子の退院を求めていた家族に彼を託し、一九七二年二月に退院の許可を出した。この決定には、同じくサン・ジョヴァンニ精神病院に務めていた主治医のルーチョ・ダミアーニ医師も全面的に賛成し

た。退院後には、医療機関によるサヴァリンの監察が継続的に行われることになっていた。暴力に訴えた彼の精神的な危機状態は、まさに服薬を怠ったことに起因していた。実際に、その当時、薬は底をつき彼とムッジャ精神衛生センターの職員との接触が乏しくなっていたことについても言及された。代理の精神科医は、薬の投与を行うために、彼の来院を虚《むな》しく待ち受けていた。そして医師自らがサヴァリンの自宅へ赴き、彼が顔を見せない理由を確かめようとしたときには、悲劇はすでに起きた後だった。

地域精神保健サービスの発展

一九七九年の時点では、マニコミオにいた一三二名の患者のうち八一名が自分の意志で入院していた。彼らには自由があったが、自ら病を患っていると判断し、病とうまく付き合うために医師の力に頼ることにしていた。しかし、マニコミオからの退院が引き金になって、患者が注意を要する状態に陥ることもあった。それは自由となった患者が、外部の環境すなわち「健常者たち」の社会と接触したことに起因していた。実際の問題として、何年にもわたり、病院に収容されていた多くの患者にとって、マニコミオは、唯一の住処《すみか》であり、唯一の避難所であり、文字通り生存に関わる場所だった。そこは深刻さを増す恐れのある絶望に代わる唯一の選択肢であった。それゆえ、マニコミオに戻れないということが矛盾を孕《はら》んだ状況を生み出すこともあった。

トスカーナ州の社会党員で、保健省大臣だったルイジ・マリオッティは、一九六八年、自発的入院というかたちを精神医療法制に導入した。同法は、一九〇四年制定の旧法で定められた強制入院に追

トリエステ県立精神病院女性棟の内部．この病院は１つのモデルとして記憶されていた．しかし，施設内部に漂う不安を増長させる要素，なおざりにされた衛生環境，そして過剰な人数の患者たちといった実状を隠蔽することはできない．患者の行動は，命令と規律によって規定されていた．そうした日々のなかで，疎外感と単調さは増し，もはや治療目的とは言えない実態が存在している．

加された。こうして精神障害に苦しむ者が、自発的にサービスにアクセスできる可能性ができた。それは物事を判断したり意志を伝えたりする能力を欠き、さらに自傷他害の恐れがあると判定された者に対して、マニコミオへの強制収容を言い渡すことで、結果的にその人物の市民権を剥奪するにいたる、司法機関の介入を定めた法的措置を回避するためのものだった。

問題に対する一つの解決策として、トリエステ県行政は、一九七四年、ある内規を作成した。これは病院を退院した患者でも、精神病院での「歓待《オスピタリタ》」(20)を申請し、それを受けられることを定めたものだった。そうした「歓待《オスピタリタ》」は、数時間に限らず、一日中享受することもできた。これは心にのしかかる重圧を感じることなく、病院外部の生活を営めるようにするためものだった。この法規は、大改革を段階的に実行していくにあたり、行政分野における画期的な施策であったと掛け値なしに評価できる。同法はあらかじめ審査され、トリエステのイタリア検察庁との間で合意が成立していた。これは検事総長のポントレッリが着任する以前の出来事だった。

こうしてバザーリアは、地域におけるケアと管理体制を組織すること、治療の観点から機動性がありかつ自立して行えるサービス網を構築すること、そして精神的な危機状態であっても、患者を観察できる仕組みを作ることに特に注意を向けていった。

こうした段階にいたり、二四時間オープンの精神保健センターの開設とマニコミオの閉鎖を同時進行で行うことが目標となった。突き進むべき道の最終到達点は、すでに一九七三年から七四年の時点で輪郭が明らかになっていた。最も懸念されていた事態についても実際に成果が上げられていた。それはバザーリアの取り組みを検討し、彼の最終的な狙いを理解したうえで、執拗に攻撃を仕掛けてく

る敵対者たちに抗《あらが》った末の結果だった。目標に向かって進みながら、医療者たちが、精神病院の敷地から出ても問題ないと太鼓判を押した患者に対して、個別支援サービスが整えられていった。そのなかには、患者が家族のもとに戻る場合に備えた在宅サービスもあった。そのサービスには、患者への継続的なモニタリング、頻繁に行われる医師の往診、医師と患者の双方が細心の注意を払って面会の予約を守ることが含まれていた。医療者たちが、時おり患者の病状を確認したり、患者が同意のうえで行われている治療に応じているかを確認するためだった。

同時に、マニコミオからの退院に際し、トリエステの町の様々な地区に設置された精神保健センターで受け入れ態勢が整備された。これは大変革への道のりにおいて、決定的に重要な一歩を実際に踏み出すための組織における一つの解決策だった。こうして、患者たちは、もはやマニコミオだけを日々の拠り所とする必要がなくなった。また同時期に、院長バザーリアの決定にしたがって、これ以降、精神病院の病棟は入院患者の疾病分類に依らず、町の行政区画や出身地に基づいた戸籍登録に依るものとされた。精神病院に取って代わる最初の精神保健センターは、一九七五年に町の郊外のバルコラ地区で、試験的に始業された。すぐ後にはカルスト台地に位置する自治体アウリジーナの精神保健センターが続いた。

一九九〇年代末の時点では、小さな県であるトリエステにおいて、五カ所の精神保健センターが稼働している。このうちの四カ所は、性別を問わずに利用が可能なセンターである。さらに二カ所は、二四時間運営されているセンターで、医師と看護師が常駐している。残りの二カ所は、一日のうち一二時間のオープンで毎週日曜日も開業している。そして、最後の五カ所目は女性専用のセンターとな

っている。

さらに、一九七八年施行の一八〇号法に基づいて、トリエステ総合病院内に精神科診療サービスが開設され、一〇床ほどの病床が設置された。このサービスでは、精神科的な症状を示す精神的な危機状態にある患者の受け容れを行っているが、その業務はいつでも一八〇号法に基づいて運営されている(同サービスにおいて、病床が患者で埋め尽くされたことは、ただの一度もない)。また強制治療の執行は滅多にないが、止むを得ない場合には、——患者の意志に反する場合も含め——一八〇号法に即して実施されることになる。トリエステでは、強要や精神科治療の際の暴力、そして強制治療はほぼ廃止されている。イタリアの別の地域と比較してみると、そうした治療が行われる可能性は皆無といってよいほどである。

そして、在宅支援は絶えず行われており、すべてのグループ・ホームには、専門職である看護師が配置されている。精神医療の活動は町の刑務所も包括しており、そこではとくに薬物依存症やアルコール依存症の被拘留者の支援に重点が置かれている。

とりわけその当時は、精神障害に対して、より効果がありこの障害により特化した治療を行うことは不可能であるという考え方が、もはや国際的なレベルにおいても強固だった。というのも、ヨーロッパの大多数の国々で実証されていたように、増大するコストに対して、公共保健機関がほとんど代わり映えのない既存の治療方法を用いていたという理由もあった。いずれにしても、声を大にして言いたいことは、あらゆるコストを加味しても、「もう一つの精神医療《オルタナティヴ》」は、精神病院を運営するよりもはるかに経済的だということである。

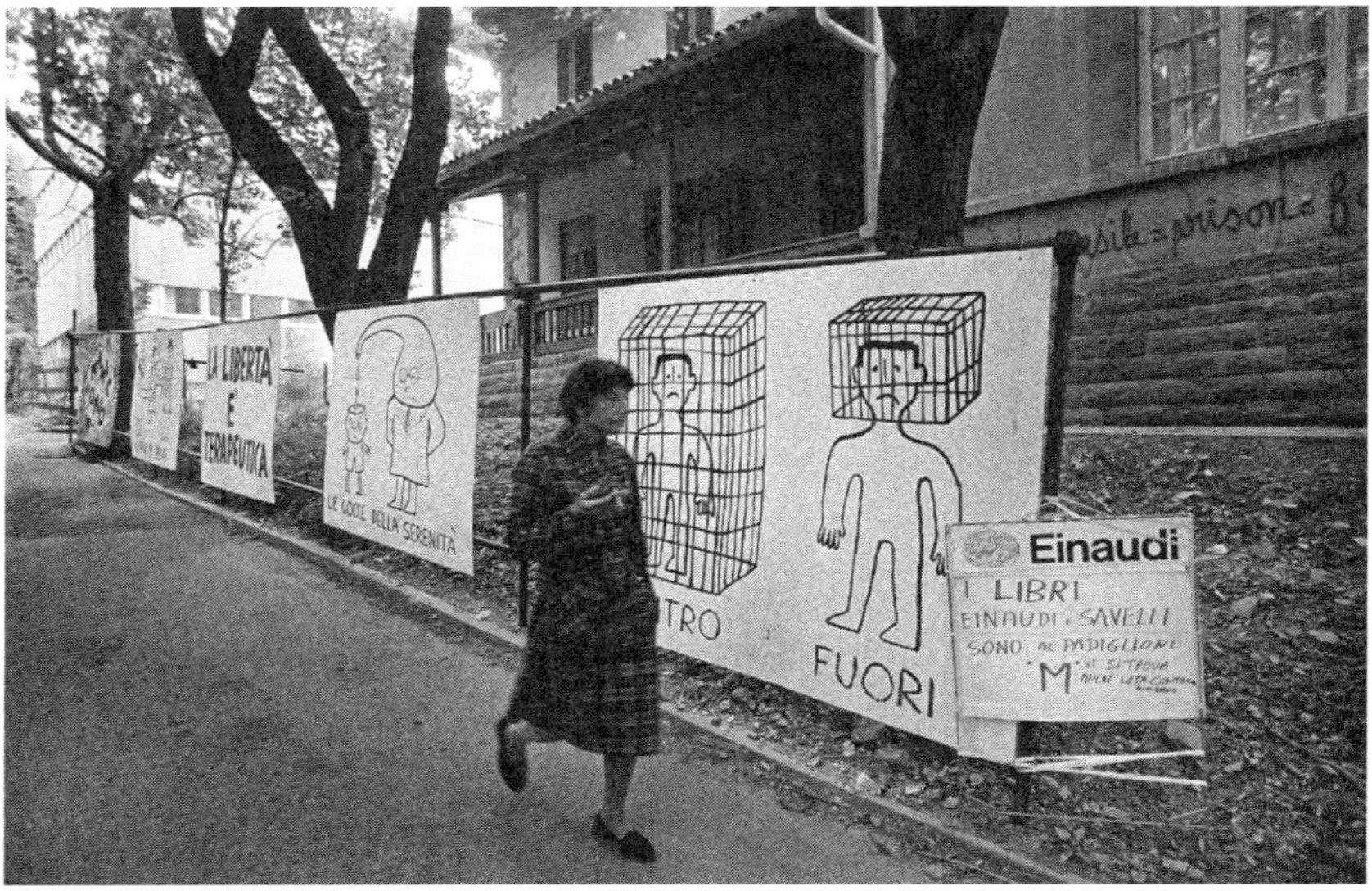

サン・ジョヴァンニの大通りに沿って，ウーゴ・グアリーノは，精神病を抱える人が置かれている状況を描き出した．のちに彼はそれらを空き病棟の壁に掛けた．

さらに、トリエステでは、鉄格子の門が開け放たれ、続いてマニコミオが閉鎖されてからは、〈狂人〉たちが引き起こす暴力事件は劇的に減少した。不利な立場にある彼らは、障害を抱えながらも、市民と同等の立場を手に入れ、生活に必要なものにさほど束縛されなくなり、自立の度合いを高めた。そして自分自身のことを考えられるようになった。また以前では想像すらできなかったことだが、彼らが物心両面で欲求を満たし、長きにわたって胸にしまいこんできた夢や儚《はかな》い望みを叶えられる可能性が生まれた。こうした患者の一人で、サン・ジョヴァンニ病院に自発的に留まっていた客《オスピテ》は、ある日、町の中心街でタクシーに乗り込んだ。そして運転手に〔レバノンの〕ベイルートまで連れて行くように頼んだ。すぐさま運転手は突拍子もない依頼をもちかけた人物の正体を察し、運賃を支払うだけのお金を持ち合わせているかどうか何度も問いただした。すると、その乗客

は何枚かの紙幣を見せるので、運転手は彼を乗せて旧市街の道をいくらか走ってから、ベイルートに到着したと告げて彼を納得させた。そして最終的には彼をマニコミオまで送り届けたのだった。この従順な「旅人」は、長い間、夢に見ていた町を訪れることができて満足すると、運賃を支払い、落ち着いた様子で自分の住む場所に戻っていった。

このエピソードを聞きつけてやって来たジャーナリストに対し、バザーリアは強調して言った。「このタクシー運転手は、精神科医ではない。しかし、彼は乗客に対し、考え得る限り、まさに最良の治療を行ったのだ」と。

トリエステ精神保健サービスの現在

イタリアの別の州の患者も含めて、今日でもなお、トリエステ精神保健局の支援機関に問い合わせてくる精神病者たちがいる。それと同時に、精神科医や心理士たちをはじめ、数多くの国々の行政に携わる人々から、視察や研修の依頼が途切れることなく寄せられ、その依頼はとどまることなく増え続けている(近年では、ドイツと日本からの参加者が顕著で、最近では米国人の参加もみられる)。彼らの目的は、精神病者と精神病への効果的な新しいアプローチ方法を吸収し、かつそれを検証するため、資料を収集し経験を積むことである。そして最終的にはこの改革を自国に導入しようとしている。

ところで、精神医療の分野において、おそらくトリエステでは、世界で最良の支援が実践されているということが様々な観点から明らかになっている。トリエステでは、他のどのような場所でも見出すことができない、地域密着型の治療が行われている。バザーリア自身が述べたように——内因性の

病であろうが、トラウマに根差した要因によるものであろうが、あるいは、長い間、社会的排除が続いたことの帰結として引き起こされたものであろうが——とりわけ「魂の病《マラッティーア・デッロ・スピリト》」と捉えられる病に対して治療が行われているのである。

　マニコミオが、唯一の病の解決策だったとき、こうした社会的排除の過程は、ほぼすべての場合において後戻りできない事態となり、隠蔽されたまま秘密裏に実施されていた。しかし、市民社会のコミュニティのなかに居場所をみつけ、人や社会との接触を持ち、さらにいつでも医療的な面から見守られ、また改良を重ねる薬物の助けがあることで、不遇だった人々の生活は、もはや閉鎖病棟、白衣、性別による完全な峻別といった強迫観念に取りつかれたものではなくなった。彼らの生活は、これまで以上の心の安らぎと自由を実感しそれらを享受できるものになった。

　バザーリアは、〈狂人〉たちを休暇旅行に連れ出すことにも成功した。彼らをグラードの海やベッルーノの山へ連れて行ったのだった。バザーリアは、何人かの旧友を介して、実際にヴェネツィアの町と良好な関係を保っていた。そうしたこともあり、ヴェネト地方の大司教が所有するベッルーノの美しい邸宅ヴィッラ・フルチスを自由に利用することができた。サン・ジョヴァンニ病院の元入院患者たちは、団体でトリエステを出発し、数週間ずつ交代で山での休暇を過ごした。その際には、当時、保健省大臣だったフランコ・フォスキの来訪を受けたこともあった。

　もう一つの発案は、一九七〇年代の半ばに実現されたものだった。それは、人間としても、そして社会的な観点からも意義深い成功を収めた。バザーリアは旅で飛行機を頻繁に利用していた。そのため、空を飛びまわる旅に患者たちを連れ出そうと考えた。彼はアリタリア航空に連絡をとり、この国

1974年の春，バザーリアは，アリタリアの航空機に搭乗した．ロンキ・デイ・レジョナーリ空港の職員のみならず，機長や客室乗務員たちを驚かせたのは，〈狂人〉たちが規律正しくまとまってチェックインを済ませ飛行機に乗り込んだことだった．彼らはシートベルトを着用し，短い空の旅に飛び立っていった．飛行機はヴェネツィアの干潟《ラグーナ》の周辺まで飛行し，その周りを一周すると空港に戻った．こうして実現した体験に誰もが大いに満足して飛行機を降りた．

営航空会社に費用を負担してもらうことで、航空機をチャーターすることに成功した。ロンキ・ディ・レジョナーリ空港では、患者一人ひとりが搭乗券を提示して、サン・ジョヴァンニ病院にいた男女あわせて一〇〇名ほどの客《オスピテ》たちが、アリタリア航空の国内線の航空機に整然と搭乗した。飛行機はヴェネツィアへ進路を向け、町の上空で幾度か旋回してから元の空港へと舞い戻った。乗務員は〈狂人〉たちの落ち着き払った態度と飛行中の規律の取れた様子に感嘆した。また飛行体験を終えたとき、彼らはこの上なく幸せそうな様子だったと感じた。

(1) ロテッリ　Franco Rotelli　一九四二―　精神科医。バザーリアの後継者として、一九八〇年から一九九五年まで、トリエステ精神保健局長を務める。精神病院の閉鎖直後のトリエステで、地域精神保健サービスの確立と充実、さらに社会的協同組合の設立に尽力した。またイタリアの各地でも地域における精神病院改革に積極的に関与した。

(2) デッラックア　Giuseppe Dell'Acqua　一九四七―　精神科医。一九七一年からトリエステの精神病院で研修医として働き始める。一九九五年から二〇一三年までトリエステ精神保健局長を務める。現在、司法精神病院の閉鎖とさらなる地域精神保健サービスの充実に向けて精力的に活動している。なお本名はジュゼッペだが、ペッペの愛称で親しまれている。

(3) ロザーヴィオ　Tommaso Losavio　精神科医。一九七九年、バザーリアとともにローマへ移り、精神病院改革に着手。急逝したバザーリアに代わり、ローマの巨大精神病院解体と地域精神保健サービス網の構築に尽力した。

(4) ジャンニケッダ　Maria Grazia Giannichedda　社会学者、サッサリ大学教授。一九七〇年代からトリエステ精神病院で働く。フランコ・バザーリア記念財団理事長を務める。

(5) コリアーティ　Grazia Cogliatti　精神科医。一九七二年からトリエステの精神病院で働き始める。トリエステで最初の精神保健センターの開設に尽力。高齢者福祉、社会的協同組合への当事者参加の促進などに積極的に関わる。

(6) 学生を中心とした社会体制に対する異議申し立ての運動が、先進諸国で頂点に達したことを象徴する年。

(7) リッソ　Michele Risso　一九二七―一九八一　心理療法医。バザーリアの精神医療改革を支持し、「民主精神医

学」の創設者の一人として、一八〇号法の制定に尽力した。

(8) ミングッツィ　Gianfranco Minguzzi　一九二七―　心理学者。バザーリアと協力しながら精神医療改革を推し進めた。「民主精神医学」の創始者の一人で、一八〇号法の制定に積極的に関わった。

(9) マッカッカロ　Giulio Maccaccaro　一九二四―一九七七　衛生学者。統計学の観点から公衆衛生や保健の分野を研究。

(10) ミシィティ　Raffaello Misiti　一九二五―一九八六　心理学者。

(11) コールマン　Hornet Coleman　一九三〇―二〇一五　アメリカのジャズ・アルトサックス、トランペット奏者、およびバイオリニスト。前衛ジャズの最先端で活躍。

(12) ガスリーニ　Giorgio Gaslini　一九二九―二〇一四　イタリアのジャズ奏者。

(13) パオリ　Gino Paoli　一九三四―　イタリアの歌手、作曲家、音楽家。

(14) バッティアート　Franco Battiato　一九四五―　イタリアのシンガーソングライター、作曲家、映画監督。

(15) オヴァディア　Moni Ovadia　一九四六―　ブルガリア出身でイタリアで活動する演劇俳優、劇作家、作曲家、歌手。

(16) ラコセリャーツ　Alfredo Lacosegliaz　音楽家。

(17) ピラート　Lorenzo Pilat　一九三八―　イタリアの歌手、作曲家。

(18) フォー　Dario Fo　一九二六―　イタリアの俳優、劇作家。ミラノを拠点に喜劇俳優、演出家、劇作家として活躍。一九六〇年代には喜劇に鋭く過激な政治風刺を織り交ぜた作品で成功を収める。一九九七年には「笑いと厳粛さを調和させた作品により、社会の悪弊と不公正に目を開かせた」としてノーベル文学賞を受賞。

(19) ルッツァンテ　Ruzzante　一四九六?―一五四二　パドヴァの劇作家、俳優、作家。ダリオ・フォーはノーベル賞受賞講演で、ルッツァンテを「ルネサンス期のヨーロッパで最大の演劇俳優」であると称した。

(20) 「歓待《オスピタリタ》」(英語でホスピタリティ)は、退院後の地域における生活基盤が不十分なために、不必要な入院を余儀なくされていた人々の問題を解決する必要性から生まれた。「歓待《オスピタリタ》」の申請者は「客《オスピテ》」(英語でゲスト)と呼ばれ、入院が必要な「患者」とは法的に区別された。「客《オスピテ》」が滞留するマニコミオを、恒久的な収容所《アサイラム》ではなく、一時的な避難所《アジール》とするために、地域生活に必要な住居・食事・医療サービスが提供され、権利と自由をもつ市民となるための支援が行われた。こうした方針は、後に地域精神保健センターを中心としたサービス網の発展を促し、従来の

「入院《ホスピタリゼーション》モデル」から、トリエステ独自の「歓待《オスピタリタ》モデル」への根本的な変革をもたらした。

コラム❷
サン・ジョヴァンニのマニコミオ

一九〇〇年代の初頭、このマニコミオは、「精神病者のための市立精神病院《フレノコミオ》・救護院」として誕生した。建造に際して、受賞作品の選出までにはいたらなかったが、設計案を募る国際コンペが公示されたほどだった。一九世紀末のことだった。設計案は、建築家ルドヴィコ・ブライドッティによって提案され、トリエステ市の行政がそれを見事に実現した。ブライドッティは、一八八九年にトリエステに転居して以降、同市の職員となっていた。彼は、一八六五年にゴリツィアで生まれ、二二歳のときウィーン工科大学で学位を取得し、一九三九年にトリエステで死去した。

マニコミオの建設は一九〇三年に着工され、一九〇八年に竣工した。巨大な施設は、二四万平方メートルという敷地に広がり、完成時にはすべての空間が建物や庭園や大通りで埋め尽くされた。工事費用を現在の貨幣価値で換算してみると、約三億ユーロ〔約三六〇億円(一ユーロを約一二〇円で計算)〕に達した。その当時、世界で最も美しく、合理的で、近代的なマニコミオと評されていたのも理由のないことではなかった。マニコミオは、当時のサン・ジョヴァンニ地区周辺の丘陵斜面(ここを訪れる者にとって、それは、「山」に等しかった)に建てられた。その土地は、トリエステでは名の知れた一族が所有していた。病院の大部分は、二・五キロメートル以上にわたる外壁に囲まれ、外部から隔離されていた。

当初から施設の構造は病院の治療部門と慢性患者を扱う部門とで分けられていた。新たな精神病院《フレノコミオ》の出現は、ウィーンから広まったオーストリア実証主義の最盛期の現象の一つだった。社会医学の分野において、オーストリア実証主義は、精神障害の治癒と快復の可能性を第一に追求する立場を取っていた。

療養者たちは、ここでは性別で厳格に区別されていた(敷地内を上っていくと、左側が女性、右側が男性に棲み分けがされていた。それ以外でも、各病棟の配置は、病の重症度に応じた構造になっていた)。実際、敷地内を下ると、まず患者を受け容れる棟が現れ、そこからより不安定な状態の患者を扱う病棟が続いていた。高台には軽度の精神障害者の病棟が配置され、最後にリハビリテーション部門があった。

ここで強調すべきことは、患者たちが収容されていた巨大な建物には、当初、正面を覆う鉄格子、そしてテラスや屋外に面した空間を区切る柵が設置されていなかったことである。後になっていくつかの別棟が新たに建造され二カ所の病棟が増築された。鉄格子や柵の設置には、「不信感」と「堕落」の象徴という明確な意味があった。これは、壮大な精神病院《フレノコミオ》の建造における精神的支柱となっていたオーストリア実証主義の掲げるユートピアの放棄を意味していた。

敷地に立ち並ぶ約四〇の建物は、ブライドッティの希望で設計された。それらの建物は、厳密なアール・ヌーヴォー様式で造られており、新たな患者や入院患者を診察するために用いられた。ある一棟は、「不潔者」と「麻痺患者」のために充てられ、部屋の一つは、死期が迫った者の「遺体安置室」としてのみ使用された。また別の一棟には、寄付を行ったラッリ男爵の名がつけられ、精神障害のある未成年者の受け容れに用いられた。さらに管理部と業務部の職員が使用する建物もあった。四つの有料の戸建て住宅は、軽度の患者用とされ、そのうち二軒

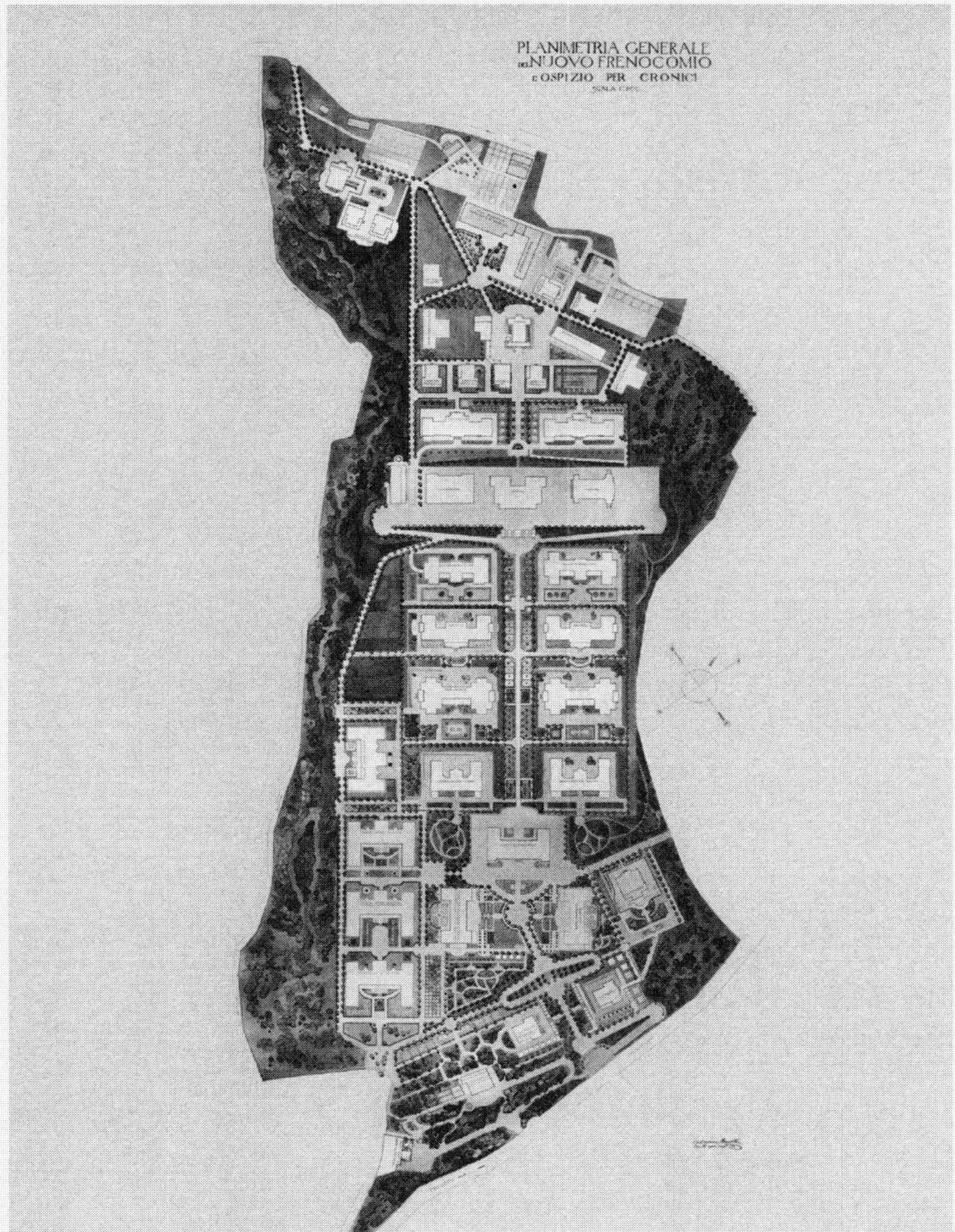

1903年にルドヴィコ・ブライドッティによって署名されたサン・ジョヴァンニの建造事業の平面図である．原本は，この偉大な建築家ブライドッティの相続人である家族が所有している．平面図は彼自身の手で描かれた水彩画である．

は一等級、残りの二軒は二等級の邸宅だった。そして無償の小さな家も何軒かあり、それらも軽度の患者用となっていた。最後は伝染病に罹った患者用の一棟となっていた。この建物には、特別な排水溝が設置されており、そこで流されるものは、まとめて消毒された。

また市が管理する水道を利用するための取水溝も完成し、敷地内の高台で生活する人々に対して一日に二〇〇リットルの水が供給できるようになった。そしてブオン・パストーレ教会の周りには、集落が形成された。その場所には、手作業(大工仕事など)を行う工房、さらに、菜園や養豚場が造られた。

また劇場の存在が敷地内に彩りを添えていた。その劇場には、舞台が一回転する非常に珍しく精巧な仕掛けが備え付けられていた。おかげで観客は天気の良い日には屋外で芝居を楽しむことができた。劇場内には、一部ではあるが、女神ミューズを描いたフレスコ画が保存されている。これはエ

これらの写真と 132 ページの写真は，竣工されてからわずか数年後の 1910 年に，写真家のＭ・ストロブルが，トリエステ精神病院を撮影したものである．写真はトリエステ精神保健局の事業部が所有している．

ウジェニオ・スコンパリーニ(一八四五—一九一三)の作品で、前述の教会のフレスコ画も彼の手によるものである。

一九三〇年代の後半には、施設全体の劣化が始まっていた。こうした流れは戦争とともに進行し、イストリア半島から大量の避難民が押し寄せたことで加速した。そして、ついにマニコミオの敷地内の建造物は、他と比べてもさほど

2つの写真には，70年の歳月の開きがある．一方の写真は，病院が開設されて間もない1908年に撮影されたもので，ルイジ・カネストリーニがトリエステ市立精神病院《フレノコミオ》に勤務する看護師たちに囲まれて写っている．他方の写真は，1970年代，フランコ・バザーリアが，精神科医，社会学者，ソーシャル・ワーカー，看護師，ボランティアの女性たちと一緒に撮影されたものである．2枚の写真から伝わってくる様子の違い，またここで選択された専門職の役割の違いは説明するまでもないだろう．

サン・ジョヴァンニ
公園の現在の玄関.

美しいとはいえない姿に変わり果ててしまった。

今日では、一九七〇年代になされた当初の取り決めに基づき、トリエステ県、トリエステ大学、そして保健サービス公社が、敷地内の一帯で活動を展開している。一九九〇年代後半という近年になって、こうした機関同士の合意は更新された。その取り決めは同時に、より広い範囲に及ぶこととなり、敷地内の建造物は積極的に再活用されるようになった。

多くの建物は改修され、現在この敷地には、主に次のような機関が誘致されている。大学付属の精神科、大学の自然科学分野の学部の二学科、複数の社会協同組合の活動拠点、元入院患者向けのグループ・ホームに充てられた施設、さらに国際商船学校、スロヴェニア語系高等学校、第一保健サービス公社と第一保健区の本部、憲兵宿舎である。そして、養護老人ホーム「E・グレゴレッティ」の再開に加えて、別の大学関連施設の開設が予定されている。

また敷地内の環境を再生させる取り組みも実施され、何千という花々と観葉植物が植えられた。さらに、多くの一般の人々やトリエステ市民がこの地を訪れるようになったため、トリエステ交通公社は、公共交通機関である一二番のバスを走らせ、サン・ジョヴァンニ内と市街地を結び人々の行き来を可能にした。

コラム❸

青い張り子の馬マルコ・カヴァッロ

この巨大な張り子の馬は、まさに革命的といえる経験が生み出され、それが発展していった土壌を物語るシンボルであり、そうした経験の結晶である。それまで一度たりとも精神病院に足を踏み入れたことのなかった者たちの一団(彫刻家、映画監督、学校教員、写真家など)が、約二カ月間トリエステのマニコミオで生活した。彼らは、打ち捨てられた殺風景な病棟で、〈狂人〉たちと日常生活をともにしたのである。

こうした訪問客たちは、フランコ・バザーリアの招きでやってきた。日が経つにつれて、彼らは社会が周辺に追いやってきた人々と関係を築くという難題に挑み始めた。そして社会に順応するための取り組みを提案し、患者たちが様々なかたちで自己表現をしたり、息抜きをしたりするのを支えた。また集団で新たな企画や催し物を行うことを約束し、病気が原因で鈍化していた「表現する」という意欲に訴えかけながら、入院患者一人一人の意識を覚醒させるべく力を尽くした。

バザーリアは、〈狂人〉たちと持続的に安定した関わりがもてるように、集団で行うものならどんな作業でも取り組むよう友人たちに頼んだ。患者たちは、その思いに直ぐに応じたわけではなかった。しかし、当初存在していた困難を乗り越えることで、好奇心が勝るようになり、やがてP棟には人々が集まり始めた。最初の構想では、できる限り多くの患者たちを巻き込んで、

P工房　　　　　　　　　　　　用紙　9ページ
さてさて，これがマルコの物語の出だし部分．
マルコは，広々とした原っぱを駆けめぐり，跳びまわる．
そして，真っ白になった洗濯物の包みを運ぶ．
ある女友達に出くわすと，彼女は，大きなパンを差し出す．
そのお返しとばかりに，マルコがプレゼントするのは，
熱烈なキスである．

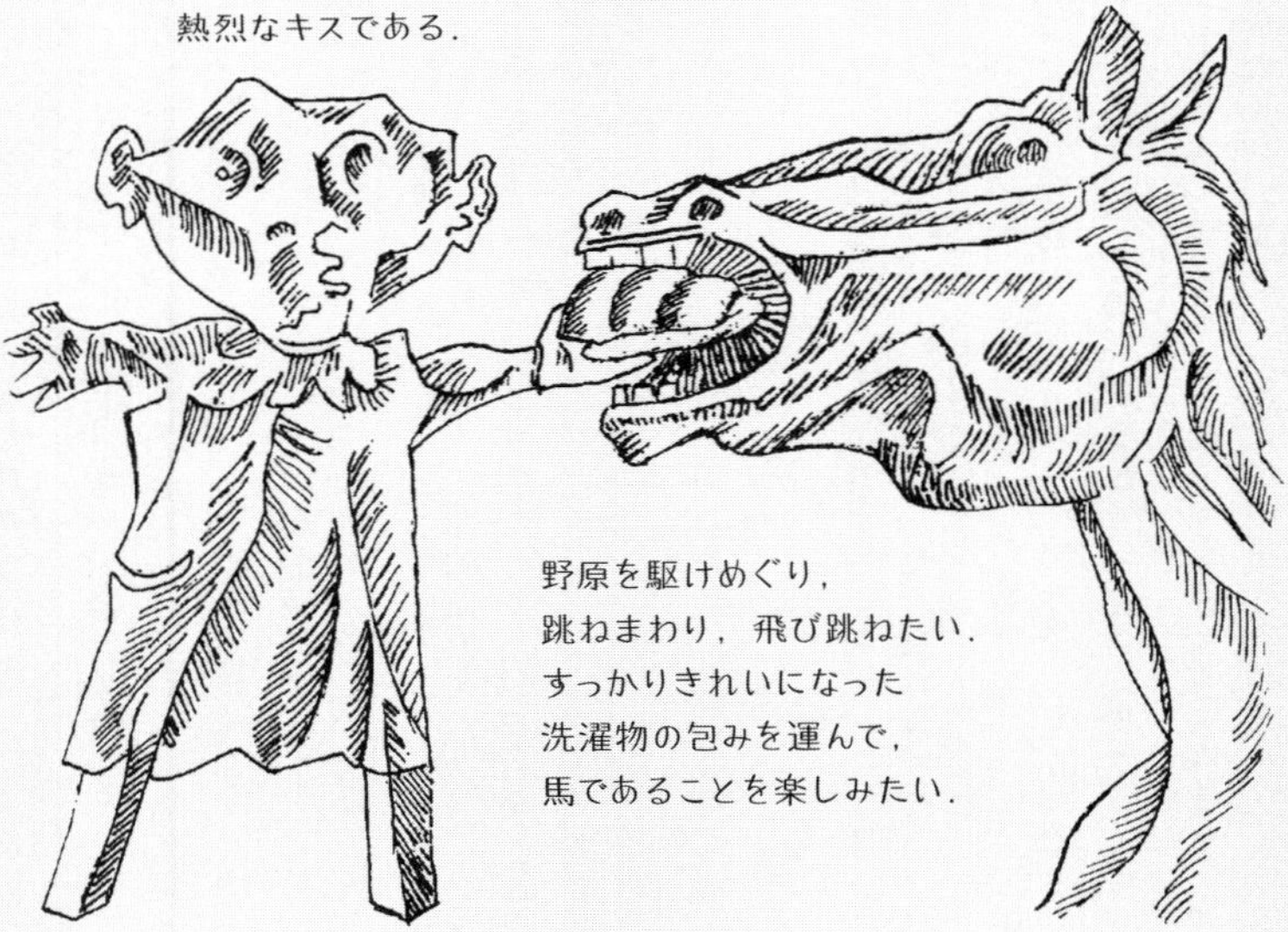

野原を駆けめぐり，
跳ねまわり，飛び跳ねたい．
すっかりきれいになった
洗濯物の包みを運んで，
馬であることを楽しみたい．

これが，みんなで考え出した歌の出だしである．

張り子の大きな家を作ることになっていた。しかし、ほどなくその案は却下され、新たな案が決定された。それは、屠殺を免れたばかりの老馬マルコを張り子で制作しようというものだった。

この馬は、サン・ジョヴァンニの敷地内に続く長い並木道を、何年もの間、病棟から病棟へと歩き続けた。そして、汚れた洗濯物（シーツ、大きな上着、枕カバー、セーターなど）が載せられた荷車を、洗濯場まで引きずるように運んでいた。馬のマルコは、マニコミオでは無くてはならない存在だった。〈狂人〉たちは、親しみをこめて、マルコを名前で呼んで挨拶した。嬉しそうに近寄ってくるマルコに、パンの切れ端、草の茂みから拾ってきた葉っぱ、牧草地でむしり取った草などを与えていた。入院者たちの懇願と精神病院の薬剤師たちの働きかけもあって、この馬は屠殺を免れた。そして馬は最期のひと時を、トリエステ競馬場にある通常は競走馬を受け容れるために使われる厩《うまや》の一角で過ごした。最初の提案が却下された後、新たな案として、患者たちの強制入院の長い日々を元気づけてくれた「路傍の相棒」マルコが選ばれたのは偶然ではなかった。

P棟では、画家兼彫刻家でフランコ・バザーリアの従兄弟でもあるヴィットーリオ・バザーリアと、作家兼演出家で演出論を講じる大学教員のジュリアーノ・スカビアの指揮の下、張り子馬マルコは少しずつ形づくられていった。古くからある材木小屋では、古い木箱を使って紙で覆われることになる馬の骨格部分が作られた。最終的には、ベルトルド・ブレヒトのある詩を想起させる色が選ばれて、マルコは青空色に塗り上げられた。〈狂人〉たちもこの案に賛成した。

青い張り子の馬マルコ・カヴァッロの誕生に際して、マニコミオでは盛大なパーティーが開かれた。そして、トリエステの町全体を巻き込んで大規模な祝祭を企画することが満場一致で

決まった。マニコミオを出発した(馬の背は、非常に高かったので、二つの扉を打ち壊して外へ出ていった)一行は町の真ん中を横切り、やがて、サン・ヴィート地区に辿り着いた。この地区にある市の多目的施設前の広場では、予想を上回る数の興奮した様子の市民が参加して、歌声や踊りで彩られた祝祭が催された。行進してきた多数のマニコミオの患者と人々は、まるで兄弟のように接していた。

そうこうするうちに、多目的施設にある体育

青い張り子の馬マルコ・カヴァッロは，イタリア全土を練り歩く．1975 年 3 月に，M・E・スミスが撮影した写真．ベッルーノの学校の生徒たちは，ポンテ・デッレ・アルピにあるフルチス荘の中庭で輪になっている．ヴェネツィア大司教が自由に利用していたその邸宅は，ある時期，トリエステで精神医療サービスを利用する多くの人々が休暇を過ごすお気に入りの場所となった．

館は、数々の旗や張り紙で埋め尽くされて、健常者も病人も互いに区別がつかなくなった。社会的なレッテルは剝がれ、〈狂人〉は「健常者」のようであり、健常者もまた〈狂人〉であるかのようだった。人々の誰もが今まさに、何か特別なことが起きていると感じていた。囚われの身となっている者たちが、わずかながらも自由の喜びを実感していること、そして、マニコミオが多くの人々に制約を課している状況が、監禁以外の何ものでもないと人々は気づいた。マニコミオの門扉は、張り子の馬によって象徴的に開け放たれた。そして〈狂人〉たちは、社会のなかへ、再び帰還することができた。

青い張り子の馬マルコ・カヴァッロは、トリエステを飛び出して、イタリアやヨーロッパの他の町々に、解放者としてのメッセージを届けながら遥か彼方を旅した。ヴィットーリオ・バザーリア(一九三六年ヴェネツィア生―二〇〇五年ピンツァーノ・アル・タリアメント市の小村ヴァレリアーノ没)は、金属製の青い張り子の馬マルコ・カヴァッロを新たに制作した。そして、一九九四年にはカ・ペーザロ近代美術館での彼の個展の開催中、それを大きないかだに載せてヴェネツィアの大運河に浮かべた。この金属製のマニコミオの老馬マルコは、今後、開かれる記念行事に備えてその出番を待ち構えている。現在は、旧サン・ジョヴァンニ病院のなかの大通りで、私たちはその姿を見ることができる。

サン・ジョヴァンニ精神病院の入院患者と職員，そして旧市街のサン・ヴィート区会の賛同を得た地区委員会，そして，「P」工房のアーティスト集団より，25 日の日曜日，15 時から 21 時までの間，市の多目的施設前の広場(コラウッティ通り 5 番)での催し物のお知らせ．

青い張り子の馬マルコ・カヴァッロ祭り《フェスタ》

旧市街のサン・ヴィート区会の要望で行われることになった「祭り」は，催し物の一環として開催されます(最初の催しは，先月，カーザグランデ医師を迎えて，アルチオーネ映画館で実施されました)．排除されてきた人々がいる「第四世界」についての議論を地区で始める第一の目的は，マニコミオという施設が，裕福とはいえない階層の人々はもちろん私たちの誰もにかかわる問題であると市民に意識してもらうことです．

ゴリツィアの経験で明らかになったのは，精神病者は，社会のなかで自らを取り戻さねばならない人間であり，というのも，自分自身を取り戻せるからだということでした．つまり，患者たちは自らの治療に責任を持ち，その一部分を担わなければならず，この目的に向かって医師や看護師や市民を巻き込んでいくものなのです．

青い張り子の馬マルコ・カヴァッロの「祭り」とは，2 つの異なる現実，つまり市民と精神病院の入院患者たちとが出会う場です．サン・ジョヴァンニ精神病院において，マルコ・カヴァッロの存在は，1 カ月半前に開設された「P」工房のアーティスト集団と一緒に行った作業を，「外部の世界」に，初めて披露するものでもあるのです．

「祭り」の開催中には，「P」工房のアーティスト集団による記者会見も予定されています．

コラム❹
ウーゴ・グアリーノ

スロヴェニア人の母とイタリア人の父の下、一九二七年トリエステに誕生した。彼自身が履歴書のなかに次のように記している。「画家兼造形作家、グラフィック・デザイナーでもあり、独学で修業を積んだ芸術家。海上無線通信士の資格を習得。私たちが生きる時代の科学技術の驚異に魅了され、コンピューター、トランジスター、惑星間輸送人工知能自動装置等に関心をもつ。トリエステとムッジャの造船所で旧式・新式蒸気船のキールを塗装。〔トリエステの後背地に位置する〕カルスト台地の植林再生事業に土木作業員として従事。パリとニューヨークの書店で荷物運搬人として働く。在ニューヨークのイタリアの通信社（ANSA）では、芸術および社会面の記事の編集に携わる。イタリア、ユーゴスラヴィア、アメリカで催された個展および団体展に参加する。イタリア、ユーゴスラヴィア、フランス、ベルギー、スウェーデン、アメリカ、メキシコに彼のコレクションが残されている。」

多くの人々にとって、彼は、週刊風刺雑誌『チッタデッラ』の優れた挿絵画家、そして新聞紙上の天才的なイラストレーターとして広く知られている。全国紙『コリエーレ・デッラ・セーラ』紙上に、「モンタネッリの部屋」と名付けられたコラムがあった。グアリーノは、ここに寄せられる手紙や返信の挿絵を担当していた。偉大なジャーナリストであるモンタネッリ

の死後、パオロ・ミエーリとセルジョ・ロマーノが、「コリエーレの手紙」と題したコラムでこれを引き継いだ。子供のようなまなざしと心をもった八〇歳のグアリーノは、精密機械《クロノメトロ》と称された巧みな筆さばきで、批評的省察に裏打ちされた笑いと楽しみの時間をもたらした。しかし忘れてはならないのは、グアリーノのもつ社会に対する繊細な感受性である。マニコミオとそこからの解放に捧げられた堂々たる作品作りのすべては、その感性からインスピレーションを得たものである。数々の書物、デザイン、造形物、その他の創造性あふれる表現形態は、バザーリアとその継承者たちの思索と活動に対して、彼が強い連帯感を共有していることを物語っている。海を主題にした彼の巨大なフレスコ壁画は、トリエステ中心街のトール・バンデーナ通りで目にすることができる。

　グアリーノを深く悲しませた残念な出来事にも触れ

ておかねばならない。彼の代表作である「証言」と題されたコレクションは、マニコミオで置き去りにされていた飾り気のない古い家具を組み合わせて造形された。これらは、「人物―怪物」というシリーズで表現されており、あらゆる意味で並外れた作品だった。また社会事業センターの記念碑的な鉄の扉の作品「レオンカヴァッロ」には、バーヴァ・ベッカーリス司令官の砲撃によって、ミラノの大衆運動が鎮圧された血なまぐさい事件が刻み込まれていた。その他の彼の作品は、あるときは故意に、またあるときには犯罪に等しいかたちで破壊され、溶解され、燃やされてしまった。

第四章 ローマとヴェネツィア

トリエステのレンネル邸の院長室にて，晩年のバザーリアを映した写真の１枚．彼の表情からは，すでに苦痛の痕と病の兆候がうかがえる．背後の壁には，連絡を取った人々の電話番号が彼の文字で走り書きされている．実際に，バザーリアは四六時中電話に向かっていた〔このキャプションは日本語版で新たに付け加えられた〕．

マニコミオの終焉へ——一九七八年「一八〇号法」の制定

一九七八年は、イタリアの精神医療にとっての一里塚となる極めて重要な年だった。論争に膨大な時間が費やされ、幾度かの激しい対立を経て、五月一三日、国会は一八〇号法を可決した。マルコ・パンネッラらの急進主義者たちが、不用意に推し進めた国民投票による対決を避けるためでもあった。この法律によって確立されたのが、二つの根本的な原則だった。一つは、精神障害に苦しむ当事者が保健医療処置を受けることは、健康上の当然の権利とされた(それ以前には、〈狂人〉は危険人物以外の何物でもなく、一九〇四年施行の法律では公序良俗を乱す者と見なされた)。もう一つは、新法が効力を持ってからは、すでに施設内にいた患者たちをマニコミオに収容し続けることはできても、新たに患者を受け入れることはできなくなった。さらに厳密にいうと、入院歴のある患者やすでに退院している者の受け入れも不可能になった。

これは、マニコミオという施設を終焉へ向かわせる正式な第一歩だった。国会で行われた論戦がどれほど激しく厳しいものだったのかを知るには、次のことを思い起こすのがよい。例えば、概略的な議論が交わされ、さらに各条項が検討される間、委員会や議場では一八〇号法は修正を迫られた。そ

こで求められた修正箇所は、一つの法案に対するものとしては前例がないほど多かった。そして、法案が可決されてからも、一八〇号法自体が改革についての多くの立法案の標的になった。その中には、次に成立した内閣が提案したものも含まれていた。特に論争の標的になったのは、代替策となる地域サービスを、前もって構築しておくこと無しに、実質的に精神病院の閉鎖を定めた条項だった。そして各州に課された多くの閉鎖期限の最後のものは、一九九七年一月一日に財政法によって定められた。後に同法が算出したところでは、イタリアではなおも、計一万七〇〇〇人の「客《オスピテ》」を収容する七六カ所のマニコミオが運営されているという結果がでた。とはいえ、一九七〇年代初頭の精神病院において、約一〇万人の患者が入院していたことと比較すれば、その数値は著しく低いものだった。

トリエステのサン・ジョヴァンニ精神病院が閉鎖され、病院外部のサービスが合理化されたことで、人員と経費の大幅な削減がもたらされた。バザーリアが指揮を執るようになった一九七一年には、そこでは約四〇〇人の看護師が働いていた。それから約三〇年後には、現在の精神保健局が抱える看護師は約一八〇人になった。その代わりに、一九七一年には一〇人だった精神科医が増員され二三人になっている。経費に関していえば、世紀が変わると、地域サービス網全体では年間で約二五〇億リラに達した。一九七一年には、精神病院に対して五〇億リラもの資金が投じられており、これは一九七一年の貨幣価値でいうと一九九八年当時の少なくとも一〇倍以上の額だった。

バザーリアは、革新的な行動を通じて、一八〇号法のイデオロギー面の地ならしを行い、倫理・社会的な面でも本質的な貢献をした。こうした事情から、彼は「一八〇号法の父」と呼ばれるまでになった。彼はこの法律に対して強い責任感を持っていて、いつでもそれに注意を向けていた。そうした

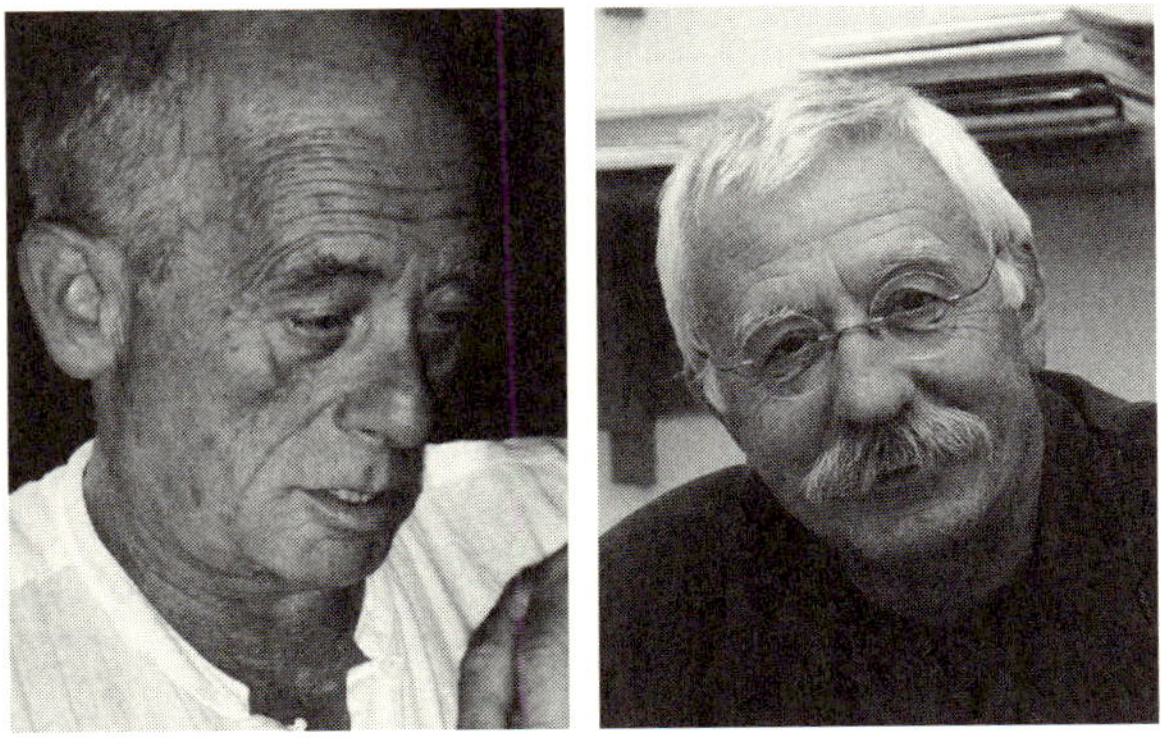

バザーリアの後継者たち，トリエステにて．フランコ・ロテッリ（写真左）とペッペ・デッラックア（写真右）．

彼の姿が、ついに放映はされなかったテレビ用のルポルタージュ番組に記録されている。そこでバザーリアは、国会が意図している改革の核心的な意義を人々が理解しているかどうかを確認するために、全国の政党の事務官——不本意な結末やどうしようもなく滑稽な結末に終わることもあった——と保健部門の責任者たちへのインタビューを行った。

二〇年が経過した後でさえ、この法律は時機を見誤ったものであり、破綻していたと考え続けている人は少なくない。とくに一八〇号法の施行には遅れが目立ち、しばしば代替策となるはずの病院外部の仕組みすら出来あがっていなかったからである。同法について議論する段階で、バザーリアが強く主張し続けたのは、マニコミオの閉鎖と地域精神保健センター、あるいはそれに相当する代替サービスは、同時に実現される必要があること、そしてこの要請は必ず守られなければならないということだった。それにもかかわらず、病院外部で機能する施設がない状態でマニコミオが閉鎖されると、施設を出た〈狂人〉たちは、自由の身にはなっても、それは形だけで、不完全な状態に追い込まれた。彼らは眠りにつく軒下をも奪われ、十分な社会的・福祉的な保護を欠いたままの困難な生活を強いられることもあった。

トリエステからローマへ

一九七九年の一一月、バザーリアはトリエステを後にした。サン・ジョヴァンニ精神病院での経験はこれで一区切りだと考えたからである。ここにはすでに上手く機能している組織があった。とくにバザーリアとともに長く活動した専門職の人々、医師、専門技術者たちが残った。彼らは、さらに困難な時代になっても、いったん始められた方向性に沿って確実に進み続けられる能力を備えていた。左翼政党との結び付きを重視した医師たちと、素朴な運動支持者といえる人々との間で分裂はあったものの、病院運営はトラウマを残すことなく引き継がれた。バザーリアの賛同を得ていた後者の側が優勢となり、同僚チームの間で「敗北した」人たちは、やがて他県で責任を負う立場になっていった。いずれにせよ、バザーリアの後継者たちが成し遂げた偉大な活動は特筆しておくべきだろう。彼らは改革が途絶えるのを食い止めながら、改革の仕組みと機能を強化し、意義ある貢献を積み重ねてその質を高めた。また、常に右派勢力からの攻撃とは限らなかったが、そうしたものから改革を守ったのである。

ラツィオ州からの招きに応じて、バザーリアはトリエステからローマへ居を移した。その地で精神保健サービスの調整役を引き受けたからだった。しかし、彼を待っていたのは、トリエステ時代の若い元研修医ただ一人だった。その後マリア・グラツィア・ジャンニケッダの協力を得るとバザーリアはすぐさま仕事に乗り出した。

「レゾー」とは何だったか

ここで忘れるべきでないのは、バザーリアがトリエステを正式に去る前の鍵となる出来事だろう。トリエステで来るべき生活に胸を膨らませていたバザーリアは、一九七七年九月、「レゾー」（オルタナティヴ精神医療を掲げる国際ネットワーク）の会合に参加するためサン・ジョヴァンニの病院に戻った。「レゾー」は一九七〇年代の初頭にブリュッセルで誕生した集団で、精神科医や知識人の集団が発起人になっていた。精神医療体制は、まさしく社会的な統制のなかで、暴力的かつ巧妙に作り上げられた形態と見なされていた。この集団はそうした精神医療体制の代替案を描き出そうとしていた。

この機会に伝統的な精神医療の支配に対抗し、それを乗り越えるための理由や形式や方法を示した文書が承認された。一九七〇年代、「レゾー」はパリやアメリカで招集され、一九七七年の九月半ばにはトリエステで会合が開かれた。その当時、バザーリアとトリエステ県の行政は、改革の成果として精神病院の閉鎖を決定しようとしていた。つまり「レゾー」は、事実上、精神疾患への取り組み方の抜本的改革を記録に残すために招集されていた。

トリエステで会合が開かれた頃は、労働者アウトノミア運動(1)による政治的な異議申し立ての時期や、イタリアやフランスで顕著だった左翼による議会外運動が激化した時期と一致している。「レゾー」の開会を宣言する会合には、パドヴァとボローニャからアウトノミア運動の集団が予期せぬ来訪者として大挙してきた。ボローニャでのアウトノミア運動の大集会には、国外からの来訪者も予定されていた。それに対して、トリエステの集会は、それにわずかに先立つものと考えられていた。というのも、当時一〇年にわたって、イタリア共産党が政権を握っていたボローニャが、左派を巻き込んでそ

れを変質させるような政治体制の先駆けとなるはずだと見なされていたからだった。トリエステには、ジル・ドゥルーズ(2)やフェリックス・ガタリ(3)らの過激で急進的な路線に立ち戻ったフランスの集団「マルジェ」の代表者たちも数名駆けつけた。こうした人々の介入は、「レゾー」の会合が、本番さながらのリハーサルだったことを示している。なぜならアウトノミア運動は、中道左派行政の後ろ盾を得ていたバザーリアらの改革を、システムを平和裏に変容させること以上に、欺瞞《ぎまん》に満ちた危険な試みだと決めつけていた。したがって、より広範囲にわたる社会闘争のなかで、さらに活動の場を拡げていくために、「レゾー」の内部にも闘争を持ち込もうと目論んだのである。当初からアウトノミア運動の活動家たちは、頭に山高帽を被ってピエロの仮面を着けるといった奇抜な格好に身を包んで登場するなど、対立を誘発するような雰囲気を醸し出していた。

集会における様々な活動は五日間のなかで進展していった。こうした活動は、感情面でも弁証法的にも、絶え間なく重苦しい緊張感に包まれながら展開した。そこでは、せっかくの議論を台無しにするような衝突が目立っていた。アウトノミア運動の「決死隊」による行動が行く手を阻んでいた。例えば、彼らはマニコミオの院長室を占拠したり、食堂で無銭飲食をしたり、あるいは発言を大声で遮っては異論を挟んだりした。要するに、アウトノミア運動が主張したのは、マニコミオを閉鎖しても何の役にも立たないということだった。社会における疎外はもはや蔓延しており、生活の保証を得られない者が多数を占め、社会の退廃は止めどなく拡大しているというのがその理由だった。集会が終りに近づく頃、二五〇〇人を収容可能な巨大なテントの下で、約一五〇〇人もの人々が、極度の混乱のなかですし詰めになっていた。バザーリアの発言の後、屋根で覆われた空き地の奥から、「ロッタ・

コンティヌア(4)」の若者集団が、最後の挑発行為として、議長が座っているテーブルに向かって押し合い圧《へ》し合いを始めた。その行動は執拗に繰り返され、それはまるで、すべてを押し流してしまう抗い難い波のようだった。出口のそばにいたバザーリアやフランコ・ロテッリたちは、文字通り外へ押し流されてしまった。バザーリアは打撲に加えて肋骨を折る怪我を負った。最後になってバザーリアは深い幻滅に打ちのめされた。それでも成果はあった。それは、反抗者たちをバザーリアらが行う活動にどうにか巻き込み、会合の実行委員会に彼らの言い分を提出させたことだった。

　トリエステにおける最終章は、まさに異議申し立てと議会外運動という両義性に引き裂かれた混乱の時代の典型とみなすことができる。そこには、若者たちの抱える不安から始まって、遂にはテロリズムに行き着くものまでがあった。こうした多くの若者たちにとって、バザーリアは一つの模範であり師だった。彼は若者たちの声に耳を傾け理解を示した。まさに「レゾー」の集会は、一見すると進歩的に見える方向へ運動を捻じ曲げようとする動きが現われた瞬間だった。バザーリアはこの動きに与しなかった。批評家たちの目には、バザーリアは革命を標榜する左派を裏切り、既成権力を強化する社会民主主義者のように映った。しかし、もちろんバザーリアはそのような人物ではなかった。

　この時期にバザーリアと敵対していた者たちの多くは、たとえ偽《にせ》の改革主義だったとはいえ、当時の積極的な行動主義に衝《つ》き動かされていたときと比べると、今日では彼らは遥か遠くの対岸に渡ってしまったかのようだ。たとえ、真っ当で合法的な職業——金融業から商業、非営利団体からテレビに記事を提供するジャーナリズムにわたる——に就いていたとしても、彼らは、大筋において、自分たちのイデオロギーに沿って歩んでゆくことを放棄したのである。バザーリアはというと、自ら乗り出

上の写真は，混乱を極めた会合で発言するバザーリア．1977年9月，もう一つの《オルタナティヴ》精神医療を掲げる「レゾー」の集会が，サン・ジョヴァンニに設置された巨大なテントのなかで開催された．そこでバザーリアは建設的な観点から，自らが行ってゆく仕事を方向づけようとしていた．
下の写真は，バザーリアの友人で協力者の心理療法医ミケーレ・リッソとミラノの精神科医で当時はまだ奨学生だったレオ・ナオン．バザーリアは，今日でいうところの「急進的左派」の政治集団が暴力を伴う介入を行うかどうか，不安げに目で追っている．彼らは会合でのバザーリアの言動に対して違和感を表明し，袂を分かつことを公言していた．バザーリアが権力と妥協を図ったというのがその理由だった．

した改革を推し進めそれを完成にまで導いた。もちろん、彼が既成権力に隷属させられることはなかった。バザーリア個人、そして彼のチームとしての総決算には、彼を批判する者たちが決して手にしたことのない何かがあった。そして、ヨーロッパの反精神医学の主導者たちが決して到達できず、口外したこともない何かがあった。つまり、それが単なる証言にとどまらない、構造を変えてしまうほどの深みに到達した真の改革だったということである。今日でも、誰一人としてこの事実に疑いを抱く者はいない。

ローマでの改革

こうしてバザーリアはローマに転居した。ローマでは、市内にも州内にも、民間の精神科診療所が数多く存在した。バザーリアが間もなく気付いたのは、政界においては右派に限らず、さらに大学の精神医学界までもが、自分に敵対し続けていることだった。バザーリアは、ありとあらゆる策略、罠、困難の狭間をすり抜けながら、屈することなく挑発に応じた。表面化こそしなかったが、彼は闘いのなかに突入していった。それはイタリア共産党のあるいくつかの地区との戦いであり、あるいは政治面では「進歩的」であっても、精神医学の領域では、理論的にも実践的にも保守的な大学教授たちとの戦いだった。そのなかには、バザーリアの知名度が飛躍的に高まっていくのを個人的な脅威と捉える者もいた。とはいえ、ローマでの短い滞在期間中、バザーリアはイタリア共産党の広範囲にわたる地区からの支援を得た。そこには、人気のある文化評議員のニコリーニをはじめ、国会議員、さらに共産党の幹部といった面々も含まれていた。さらに、共産党員である多数の大学関係の大物たちの権

威主義的な振舞いにうんざりしていた幅広い大衆層からの支持があった。

まさにこうした背景があり、バザーリアは目標に到達するために、あらゆる可能性を模索していることを示そうとして、――その取り組みは肯定的に受け止められただろう――ローマ法王パオロ六世との私的な謁見を願い出た。というのも、バザーリアは「ローマで事を成し遂げるためには、ローマ法王との対話も必要になる」と述べていたからである。様々な場面で言われてきたそうした逸話は、ピエール・ルイージ・スカピッキオの証言に基づいている。彼はローマのサクレ・クオーレ・カトリック大学の教授で、イタリア神経精神医学会会長も務めており、当時はラツィオ州のグイドーニア精神病院の院長だった。

そのスカピッキオは、バザーリアからの依頼に応えて、ラツィオ州のキリスト教民主党の地域委員会との会合を企画した。健康状態の悪化によって取り止めになったローマ法王との謁見と異なり、こちらは実現した。そして、会合は大変な成功のうちに幕を閉じた。その場を訪れた聴衆は、先入観や偏見を抱いてはいたが、帰途に着く頃には改革のテーゼの素晴らしさを十分に理解していた。

ローマでは、ゴリツィアとトリエステでのバザーリアの活動について、また、彼の左派への政治的な帰属について国会質疑が行われた。というのも、実際に卑怯な手口と誹謗中傷の大々的なキャンペーンが展開されていたからだった。そのなかでも、すでに一九七三年の時点で、トリエステの下院議員で、イタリア社会運動のレンツォ・デ・ヴィドヴィッチが、次のように述べている。「〈狂人〉を社会に復帰させるなどというのは、人間爆弾を仕掛けるようなものである。その爆弾は反社会的要因として散らばるものであり、〈狂人〉は、やがて「向こう見ずな行為に突き進むカミカゼ」へと姿を変え

ていくような精神の落伍者である」と公言したのだった。

ローマでは、ラツィオ州の州議会議員で、当時はイタリア社会運動に所属し、その後は国民同盟の国会議員でもあったマチェラティーニが頭角を現した。彼はフランコ・バザーリアが、ヨーロッパを舞台にしたテロリズムに人々を走らせているという仮説を唱えた。

しかし、こうした間にもヨーロッパやラテン・アメリカ、そのなかでもとくにブラジルへと拡大しつつあったバザーリアの指導力が衰えをみせることはなかった。ブラジルはバザーリアにとって、最晩年に二度の旅で訪れる地となった。その旅は、人々を魅了してやまない『ブラジル講演』として結実した。最近になって刊行された同書の決定版には、この偉大な医師の思想が直接的かつ明確に表れている。

病の発覚

ローマでは、バザーリアはどのような段取りで活動し、その活動を前進させていけるかを考えていた。しかし成し得たのは、やり遂げるべき計画の基盤づくりだけだった。以前のゴリツィアやトリエステでの経験と比べると、格段に重要性の高い、骨の折れる局面に差しかかっていた。一八〇号法が可決されて間もない頃で、当然ながら以前とは状況が変化したことにより、表面的には面倒な仕事は減ったように見えた。しかし、実際のところ、バザーリアが準備できたのは活動の足掛かりだけだった。というのも、彼は翌年には体調不良を訴え始め、体の不調に苦しんでいたからだった。バザーリアは、ヴェローナを訪れ一連の検査を受けたが、そこで彼に下されたのは衝撃的な診断だった。彼は

もはや手の施しようのない脳腫瘍に冒されていたのである。

バザーリアは、妻と多くの医師や精神科医の友人に看病されながら、最後の数カ月をヴェネツィアの自宅で過ごした。最善かつ愛情溢れる治療をうけながら、この上ない慈しみに包まれてバザーリアはいつもの寝床で最期の時を迎えた。

こうした巡り合わせは、彼を当惑させ嘲笑うかのような皮肉な結末をもたらした。というのは、脳腫瘍を患うと、発狂した末に死を迎える怖れがあるからだった。四〇年前の戦時中、まだ二〇歳にも満たなかったバザーリアは、反ファシストとの関与を訴えた同い年の男の密告により、ファシストによって投獄され刑務所に収監されたことがあった。しかし、バザーリアの父の友人だった医師が、若きフランコは脳腫瘍に冒されているという都合の良い診断を下してくれたことで釈放されたのだった。

社会的排除との闘い、最も弱い立場におかれた主体――それは個人、集合体、そして現在のグローバル化した世界では国家にも当てはまるかもしれない――に対する横暴との闘いの道のりは果てしなく遠い。そして、すべての人々の市民としての尊厳と権利を尊重したより公正な共生社会に向けた責務を果たすことも同じく遠い。バザーリアが教えてくれたのは、それを実践するためには、教養、知識、専門的能力が必要であり、さらに望まれるのが、日々の活動における具体性と柔軟な発想、そして遊び心をもった想像力・創造力であるということだった。

バザーリアの葬礼――ザネッティによる別れの言葉

一九八〇年八月三〇日の朝、バザーリアの棺は、ヴェネツィアの県庁舎となっているバルビ宮に安

置された。評議会の間には親戚をはじめ知人や友人たちがひしめいていた。そして、葬儀の弔辞は、すでにトリエステの県代表を退いていたミケーレ・ザネッティによって読み上げられた。

旅立ってしまった友について、私は言葉を求められました。今日、私たちは、彼が行ったうちの最後の旅の連れ合いとなります。沈黙を守りたい、そうした気持ちもありますが、この申し出を辞退させて頂こうとは思いませんでした。しかしながら、ご遺族であるフランカ・オンガロ、エンリコそしてアルベルタ、さらに、彼を敬愛してやまない方々と私たちとを結び付けているこの深い悲しみ、そして、そこからこみ上げてくる痛みから、私は逃れることができません。大勢の方々がこの場に参列されてはおりますが、この場にお越しになれなかった方々も、皆さま以上に沢山おいでになるのです。

この世を去ったフランコ・バザーリアという優れた人物が成し遂げた仕事について、彼の思索の歩みを跡付けようなどという思い上がりは、私には毛頭ありません。バザーリアは、誰もが想像すらできなかった革新的な学問の確立を熱望し、実践的であることとは何かを知り抜いていました。そして、仕事に捧げる尽きることのないエネルギーと精神力を備え、人々の先頭に立てば、周囲を惹き付けてやまない傑出した資質を持った人物でした。我が国において、私たちが誇りにしたいと願い、実際に誇りに思えるような市民の歩みのなかに、彼は実り豊かで貴重な一ページを刻み、その立役者として力を尽くしたのです。とはいえ、フランコ・バザーリアは、おそらくこれ以上の大げさな追悼の辞を望まなかったでしょう。しかし、たとえ彼が、私たちに追悼の言

葉を述べる暇があるのなら、自分の先例を引き継ぎ、労を惜しまずそれを実行するよう鼓舞しただろうとしても、やはり語っておくべきことがあるのです。すなわち、諸々の施設、政治権力、社会的な力――その権限については、私自身があらゆる責任の一端を負っているのですが――そしてバザーリアが獲得した文化的な名声にそこかしこで脅しをかけるジャーナリズムは、彼に対してあまりにも不当で不寛容な扱いを繰り返してきたということです。また、お話ししておく必要があるのは、その行動において、生涯を賭けて並外れた努力をした人物に対して、その真実を見定めておく義務がこれまでにもありましたし、これからも彼の友人や継承者たちにもあるということです。そして、その彼の行動とは、彼に敵対する者のみならず、彼を支持し擁護したいという動機や関心を持っている者にも向けられていたのです。

　こうした私の言葉は、なにも感情に急《せ》き立てられた、混乱しただけのものではありません。これらの言葉は、バザーリアについて、ごく一部の人々によって語られ、そして記されてきたことへの、そして将来きっと誰かが余すところなく語り、書き残すだろうことへの私なりの返答なのです。

　一〇年も前のことではありません。今、私がいるここヴェネツィアで、フランコ・バザーリアと知り合いました。その晩、彼の妻であるフランカを交えて議論を重ねました。程なくして、敬意と友情に包まれた付き合いが始まりました。その関係は、言うまでもなく私に多くのものをもたらしました。身を粉にしてともに働いた仕事上の関係は、三年前まで続きそして今にいたっています。私が公的な職務に就いていた際に実現できたことと比べても、私にとってバザーリアと

の協働作業がどれほど実り多く創造的なものだったか、こう言い切ってしまうことになんら躊躇《ためら》いもありません。ともに成し遂げたことのなかで、容易だったことなど何一つありませんでした。弁証法的な議論なくして事が進んだこともただの一度もありませんでした。その協働作業は、医師という専門技術者と行政官兼政治家との間の稀有な関係性の中で育まれたものだったため、バザーリア自身が、こうした関係性を分析したり、批評したりすることを面白がっていました。そして、その関心の強さが、私たちの間に、信頼に足る建設的な関係を必然的に生み出すことになりました。

私と彼とは信仰の面でも文化的な面でも異なっています。それでも、この場に参列なさっている皆様と同じように、私たちは実現すべき目標の下で連帯していました。そして、私のような、どこにでもいるキリスト教徒の人間は、次のことを自分の身をもって彼から学んだのです。すなわち、改革者や解放者の行為は説教からではなく、生きた経験から獲得した明晰さをもとに、生身の人間が本当に欲しているものから始められなければならないということです。そして生身の人間は、権威的であるがゆえに安心感を与えるかつての抽象的な規則に基づくのではなく、あるがままの人間として、深く理解され受け容れられるべきであるということです。というのは、規則とは、それに従わない人間に暴力を振りかざし、また、規則に従わない人間は権力を持たないために排除され疎外されるからです。

どれほど困難があろうとも、自分が共有し賛同する主義主張を含めたすべてのイデオロギーを批判的に見ること、こうした態度だけが、真の意味で正義に適い、人間の身の丈に合った新しい

社会秩序を創造するものと私には思われます。また、そうしたことが、険しくも実り豊かである困難な現実のなかで、他者とともに私たち自身をも解放してくれると思うのです。そして、トリエステの実践のなかでも、誰もが――つまり私たち自身も含めてですが――成し遂げられないだろうと思っていた数々の成果を、ついには手に入れることができたのだと考えています。

ここで、こうした瞬間にも、私たちの頭をよぎる極めて傑出したバザーリアの資質を思い浮かべながら、トリエステで成し遂げられた仕事についてではなく、友でもある一人の人間について話したいと思います。つまり、決して妥協しないという資質についてです。フランコ・バザーリアが、どんな時にも自らに課し、彼が専門家チームと協動するときにも不動の掟《おきて》としていたのが、道義的にも政治的にも一貫性を貫くということでした。これは、誰もが敬意を抱いている彼の持つ徳のなかの一つでした。

こうした一貫性は、彼自身がやり抜こうと決心していた計画をめぐって、物事を実現させたり、仲介役を担ったりという非凡な能力を生かしながらも、決して損なわれることはありませんでした。また、どんな人にも分け隔てなく開かれているという意味では、彼と面識を持った誰もが、鬼気迫る厳しい訴えや背中を押されるような力強さを、確かに彼から感じ取りました。それは、彼の妥協のなさであり、つまりスキャンダルを暴き出し、被害や犯罪を容赦なく告発する力なのです。また、こうして告発される被害や犯罪は、私たちからかけ離れたもの――すなわち「戦争」犯罪のようなもの――だけではありません。バザーリア自身が、トリエステで最後の論集をまとめる際に書き記したように、そこには平和の中に潜む被害や犯罪も含まれているのです。そ

れらは、物事を見えない場所へ隠蔽する隔離施設という密室のなかで犯される、人権と社会正義を著しく侵害する犯罪です。それにもかかわらず、個人としての意識と大衆としての意識が、あまりにも多くの場合、注意力を欠き怠慢であるために、偽善のためでもなく口が利けない訳でもないのに、誰一人として抵抗し、ましてや立ち向かうことすらない犯罪なのです。

バザーリアには、個人との関わりにおいて、並外れた優しさとどんなときにも手を差し伸べる気前の良さがあり、彼は悪意や怨恨とは縁遠い人物でした。またこうした面とも関係していますが、この世を去った友バザーリアには、頻繁にではないにせよ、相手に罵詈《ばり》雑言《ぞうごん》を浴びせることがあったのは、この確固たる倫理的な態度の表れでした。こうしたことは忘れられるべきではないでしょう。

そして、もう一つだけ付け加えておきたいと思います。それは、私が彼に何度も気づかせようとしたことですが、この彼の妥協を知らない痛烈な態度は、彼が自認していたマルクス主義の伝統には連ならないということです。むしろサルトル主義者とでもいえる要素であり、彼は自由を愛するジャコバン主義者的な資質をもつ自由主義者でした。こうした土壌において、彼は文化的に大成していったように私には思われるのです。

フランコ・バザーリアの人柄について、さらに別の側面を思い起こしてみたいと思います。それは、病という情け容赦ない苦痛によっても、また堪え難い死という別離によっても、彼から失われることがなかったものです。それと言うのは、どんな時でも、驚くほど若々しい陽気さであり、自分自身をも斜に構えて見る皮肉屋なところであり、あるいは、狂気に駆られ心身をすり減

らしながらも全身全霊を傾けて生き抜いたことでした。

さらに、生まれつき洗練された審美眼を持っていたことであり、また眩《まばゆ》いばかりに美しいヴェネト地方において、サン・ポーロ地区とサン・マルコ地区との間で、青年時代を過ごしたヴェネツィアっ子としての一面でした。私たちの誰もが、この風変わりな性質とこだわりを持った、疲れ知らずの人物を微笑ましく脳裏に思い浮かべています。彼は用事の合間に、ものの五分でも時間を見つけ出すと、単なる趣味で――と彼は言い訳していましたが――骨董《こっとう》屋に通いつめ、また同じくらいの好奇心と情熱を傾けては、古物屋にも足を運び貴重な掘り出し物はないかと探していました。それでも大抵は、がらくたや粗末な代物をつかまされ、家の中では居間や書斎から離れた人目の届かない場所へそれを並べることになるのでした。

フランコ・バザーリアの思い出に包まれながら、皆さま方に対しても、私自身に対しても、私が感謝の思いを代弁することが叶わないことは十分心得ています。それは彼の下で治療を施された何百名という人々や、その他の何千という人々からの感謝であり、彼らにとって、バザーリアの名は、解放と尊厳の回復の証であり象徴でもありました。そして、今後もそうあり続けるでしょう。私ができる唯一のことで、ぜひともこの場でさせて頂きたいのは、バザーリアとともに仕事をした多くの人間の一人として、感謝の念を述べておくことです。彼と知り合って以来、目標へと突き進む真剣さと明晰さがあり、そして、それを追い求める精神力と不屈の社会参加《アンガージュマン》が本当にあるならば、不可能とされていることでさえ実現できるのだと、私たちは知っています。フランコ・バザーリアは、それを実行することで、私たちが生きている時代において最も重要な徳と

いうものを今なお信じうると、私たちに示したのです。たとえ、その時代が暗闇に覆われ、すべてを覆すような変化が起こり、なおかつ想像する限りの混乱を極めていたとしてもです。一人一人が能力を惜しみなく発揮して、よりよい明日をともに築いてゆくことに希望を託すのです。

あなたのすべての友人たちの名において、フランコよ、ありがとう。そして、さようなら。どうか安らかに。

(1) 一九六〇年代末から七七年にかけて、イタリアで巻き起こった労働者の自律性《アウトノミア》を求める大規模な組織的・非組織的な運動体の総称。

(2) ドゥルーズ　Gilles Deleuze　一九二五―一九九五　フランスの哲学者。ガタリと共同で理論・政治活動を展開。現代哲学と資本主義社会批判に大きな影響を与えた。

(3) ガタリ　Pierre-Félix Guattari　一九三〇―一九九二　フランスの精神科医・思想家。ドゥルーズと共同で精神医療と政治を結ぶ活動を展開。

(4) 「継続闘争」の意。一九六九年に結成された急進的な新左翼運動の呼称。

イタリア語版前書き

クラウディオ・マグリス(1)

ボルヘス(2)は、読者に稲妻のような衝撃を与える広く知られた寓話のなかで、一人の画家について語っている。その画家は、木々や山河といった風景を描くうちに、ついには、自分はまさに自画像を描いていたのだと思いいたる。なぜなら、人のアイデンティティや顔つきとは、世界を前にして、どのように自分を位置づけ、どのように輪郭を与え、どのように世界に働きかけるかということだからである。もしこの画家について伝記を書き上げようとするならば、彼自身について語るのではなく、彼が描きだす風景や作品について語る必要があるだろう。おそらく、それがまさしく彼の人生であり、私たちが近づくことのできる唯一無二のものだからである。あるいは逆に、もし彼の人生のなかの一瞬一瞬や年月、また強靭《きょうじん》で儚《はかな》いその思想、さらに不眠症の症状や心臓の鼓動を描き出そうとするならば、その伝記はホフマン(3)の小説に出てくるような、人を困惑させ、狂気に満ちたものにもなりかねない。あるいは、辻褄《つじつま》をあわせようとして、彼の人生におけるまったく異質な要素を調和的に結びつけるために、それらを時系列で正確に並べ替えようと試みたとしよう。しかし、結局のところ、それら

は雑然となって混乱をきたしてしまう。挙句の果てに、彼が備えもっている数々の要素は、支離滅裂な破片の寄せ集めとなるのである。この上なく秘密に満ちた人生とは——必ずしも最良の人生であるとは限らず、パオロが述べるところの「偉大な闘い」に挑むものでもなく、魂を賭け、魂を失い、あるいは自分の魂を救済するものでもない——つまり、本質的に何かが欠落したものであると同時に、その欠落の理由を述べられない何かで構成されているものである。

本書の副題は「ある伝記」とされている。しかし、二人の著者が冒頭で記しているように、フランコ・バザーリアの私的な生活についてわずかしか語られていないのは、しごく真っ当なことである。フランコ・バザーリアは、彼を知る者にとっては、人を惹きつけてやまない独創性の溢れる人物で、ヴェネト人ならではの心温かく無邪気な陽気さを兼ね備えている。また、しばしば彼はおどけてみせるが、そうした皮肉は、教義的で傲慢なイデオロギーを振りかざして人を威圧するものではない。ましてや、彼は自分の社会的立場を偉大な改革者と同一視させるような戯言《たわごと》を口走ることもない。ともあれ、フランコ・バザーリアという名は、イタリアの歴史とその良心において、彼が成し遂げた功績と同義であり、まだ完全には達成されていないとはいえ、一八〇号法による精神医療改革によって実現された精神病患者の解放を意味している。

バザーリアとそして彼とともに闘った者たちは、政治的かつ社会的な意味の前に、人道的または道徳的な意味においてスキャンダルを食い止めた——あるいは、少なくともスキャンダルを食い止めるために、本質的で決定的な礎を築いた——という異論の余地のない功績を残した。病状とは無関係の理由で、精神病院に閉じ込められていた人々は別として、アルコール依存症や社会的不適合、あるい

はその他いろいろな形態の不自由や疎外が存在するなかで、これらは家族というシステムのなかでも、また本人たちの経済的な自立という点でも十分な支援が行われているとはいえない。それゆえ、こうした社会的に不自由な人々を隔離するために、また市民社会《ブルジョワ》の通常の慣わしにそぐわない特異な人々を隔離するために、精神病院はその施設としての機能を果たしてきた。また、非難の対象になりがちな患者のもつ不自由さや異質性については、人々の視界や共通認識からは消し去られていた。つまり、精神病患者は一般的な人々の意識のなかでは、人間としての基本的な尊厳を奪われていたのである。

風邪から癌にいたるまで精神病以外の病に苦しむ人々は、誰もが軽い病、重い病をもった一人の人間だった。一方で、精神病患者はもはや病人ですらなく、単に病が存在しているだけだった。同じ立場に立つならば、精神病患者とは、人間を人間として特徴づけている基本的人権を喪失した怪物であった。また、精神病患者とは、当人について熟慮を重ねる対象でもなく、人が憐れみを抱いたり共感を覚えたりする対象ではなかった。それどころか、彼らは、人々が無関心のままでいるか、あるいは恐怖心を抱く対象だった。つまるところ、精神病患者は、一人の人間というより怪物であり、病に冒された人間ではなく、病そのものとされた。

そうした困難を受け入れることができるのか、あるいは、たとえ正気ではないか錯乱した状態であったとしても、それを様々なかたちで現れる人間の一面として認めるのを拒否するのがよいのか。後者の選択は、人類史上、非常に悲劇的かつ暴力的なものの一つであり、それは野蛮と苦しみの根源であった。戦慄《せんりつ》の歴史に満ちた二〇世紀は、侵してはならない人間の尊厳についての認識が飛躍的に拡

大した時代だった。それまでは、人種や性別そして社会的なカテゴリーの存在は、明確にあるいは無意識的に否定されてきた。

何十年も前のことだったが、トリエステのカフェで、かなりの年配で、品が良く、温厚そうな紳士たちが、アフリカでの黒人に対する抑圧を支持し、自分たちもまたその抑圧に関与していたと話していたことを覚えている。人間として扱われることなく、銃の一斉掃射で次々に殺されてゆく黒人たちについて、私の存在に気づく様子もなく、普段通りに落ち着き払った様子で話し込んでいたことの衝撃を忘れることができない。もちろん、かの紳士たちは、立派な人間で他者に対する共感に満ち溢れた人物たちなのかもしれない。しかし、彼らが共感を示すのは、全人類に対してではなく、彼らが人間として認めた者だけなのである。

ユダヤ系で、ドイツ語を用いて執筆活動を行ったプラハの作家ヨハネス・ウルツィディル[4]は、彼の作品『プラハ三部作』のなかで述べている。それは、まず彼が「社会的統語法」と呼んでいたものである。次に、彼が学校の机に座って、目の前に歴史の教科書や新聞や雑誌の年代記を広げていた少年だった頃、彼を憤慨させたものについてである。その記述とは、「ボヘミア地方のプロテスタント信者の反乱者たちは、二人のカトリック教徒である皇帝側の役人を、城の窓から堀へと突き落とした。その二人とは、ファブリティウス書記官のすぐ近くにいたマルティネス伯爵とスラワタ伯爵だった」というものだった。または、「早朝、カレル橋が崩れ落ちたとき、負傷者は出なかった。ちょうどパンを運んでいた使用人が、川に転落して溺死しただけだった」という記述だった。

ウルツィディル少年はこうした文章に納得ができなかった。なぜ教科書では「マルティネス伯爵と

スラワタ伯爵とファブリティウス書記官の三人が堀に突き落とされた」と端的に書かれないのか。なぜ、年代記作家は「カレル橋が崩れ落ちたとき、一人の使用人が川に転落して溺れた」と記さないのか。それは、つまりある人物の「近く」で死を遂げた者がいたが、その死とは「名も無き者」の死であり、または特定の人物の死とするには値しない、意味のない死であるということだった。このように歴史のなかでは、長きにわたって、「〜の近く」や「〜以外の」といった統語法が多用されてきた。

また、一八八一年一二月二九日に発行されたトリエステの新聞『イル・ピッコロ』の創刊号では、「種の稀少性」と題された小欄において「〔トリエステの〕町と領土内のすべての地域で、死者は一名だけだった。しいて挙げるなら、四二歳の男性が一名と五歳以下の子供四人だった」と記されている。別の欄では「モンテーニュ公は、かつて三、四人の幼い子供を亡くされたが、苦悩することもなかったと仰せられた」と記述された。つまり、正確な人数についてすら記憶が曖昧なのは、この子供たちが、まさに子供であるがゆえに、一人前の人間とはみなされていないためだった。

〈狂人〉たちは、病のせいで尊厳が貶《おとし》められていたが、尊厳が十分に守られるべき人間として、何とか認知される最底辺——同じような境遇の人々は、他にも存在するのだが——の範疇《はんちゅう》に属していた。そしてつい最近まで、彼らは人間ではなく隔離されるべき危険な存在であり、忘却の彼方に追いやられるのがふさわしい獣のような存在であるとみなされていた。

バザーリアは——彼が推し進める改革、つまり、それ以前と以後のすべての臨床学的、実践的、理論的な活動、また評論家や知識人としての活動、さらに政治的な活動を通じて——できることは限界までやりつくし、そうした不正に終止符をうった——この不正とは、社会における悪の神秘などでは

断じてない。加えて、彼は誰もが次のことを理解すべきであると考えた。すなわち、精神病者といえども人間性を欠いた存在ではないこと。また、そうした人が社会や共同体から隔離されるべき存在ではないこと。さらに、どんな人物であれ、それぞれの病の段階や状態のなかで、幸福や不幸を味わったり、好調であったり落ち込んだりということがあるのと同じように、精神病者たちも、一時的または慢性的に弱さを抱えながらも、尊厳を十分に維持しているのだということだった。またバザーリアは、不寛容で非人間的であるといえる環境に置かれていた多くの人々を解放していった。この行為は、偽進歩主義者が贔屓《ひいき》にしている大げさなイデオロギーに対して、その詭弁《きべん》を暴くものだった。そうしたイデオロギーの下では、一定の水準以下の生活においては、生存権すら存在しないとされていた。しかし、バザーリアは、許容できる生活の質をいかにして確保すべきかを、実際にそれを持たない人々や、別の理由で生存権を失った人々に対して示したのである。

本書の二人の著者は、精神医学の専門家を装ったりはしない。また本文でも記されている通り、バザーリアが明確に拒絶した混沌とした「反精神医学」の側につくこともない。ここ数十年間のうちで、イタリアの歴史および市民生活における主人公の一人だったバザーリアの人物像を語るのに、まさに彼らは相応しい人物である。一方の名をフランチェスコ・パルメジャーニといい、問題や事件に取り組むのを非常に得意とするジャーナリストである。彼は報道記事を書くことについても——人生や歴史というものは、それがどんなに些細なものであれ、社会面で記される出来事である——具体的な現実に対する鋭い洞察力を発揮して、一歩ずつバザーリアの活動と彼が率いる治療チームに迫っていった。

そして、もう一方のミケーレ・ザネッティは非凡な政治家であり、並外れた創造力を備えたモラリストである。また同時に、トリエステやその地域の政治的な問題のなかで常に中心におり、あらゆることに関与した人物だった。彼は疲れを知らず、何事にも動じない大胆さで、トリエステ県と県内の港を管理していた。ミケーレ・ザネッティは、精神病院を廃止に追い込んだ法律の制定と、それに先立って繰り広げられた闘争や困難を、バザーリアと分かち合ったもう一人の立役者である。おそらくザネッティは、勇敢さと責任感から、無益で些細な権力争いに興じるのではなく、解決すべき問題の客観性を重要視した。それゆえ、トリエステの政治的な活動の中心からは、実質的にいつでも距離を置くことになったが、彼はそれを平然と受け入れたのだった。また、キップリング(5)の小説に出てくるような包容力で、たとえ不当なことがあっても、少しもこれを嘆こうとせず、あるいは犠牲者のように振るまったり、人々の無理解を声高に訴えることもなかった。白熱した論争が行われ、加えて、かつてのバザーリアのゴリッツィア時代の経験が告発の対象となっていた時期、ザネッティが当時空席となっていたトリエステ精神病院院長のポストにバザーリアを呼び寄せたことは、疑いなく大変に勇気のいることだった。若さゆえともいえるが、ザネッティにとっては、政治家としての自身の未来を危険にさらしてでも、そう決断することが、自らの政治理念に照らして必要であった。

本書は、バザーリアがたどった歩みを再構成するものである。それは、学問上の厳しい修練、文化、実存主義哲学、そして現象学との出会い、批判精神と自由の擁護を要とするマルクス主義との出会い、「ダマスカスの啓示」と称されるゴリッツィアの精神病院で院長職に就いていた栄光の日々のことである。これらは、精神病者の解放という具体的な活動を行うにあたって、土台作りとなる根本的な経験

だった。またトリエステ時代とは、長い伝統をもつサン・ジョヴァンニ精神病院の指揮を委ねようと、ザネッティがバザーリアを招聘した時代だった。バザーリアの在任時には、ここでの治療活動は政治的な価値をも獲得し、それが一つの文化全体の象徴ともなり、病院は一八〇号法という法律を実践する実験場となった。

ところで、本書の二人の著者は、次の危機的な出来事について黙ったままではいない。それは、外出許可を受けていた患者のジュリアーノ・サヴァリンが引き起こした両親の殺害事件、病院を抜け出した後に行方不明となり、近くの森で息絶えているのを発見された老女の死、そして、患者によって大怪我を負わされた医長のマッシミリアーノ・ベルサッソがサン・ジョヴァンニ病院に担ぎ込まれた事件などだった。自由の身となった精神病患者たちが犯罪を引き起こすというのは、精神病施設が存在する時代でも、マニコミオが廃止された後でも、現実に起こりうる悲劇である。それにもかかわらず、外出許可が出ていた入院患者が罪を犯した場合には、暴行罪や殺人罪が適用されていた。バザーリア法の成立以降は、抗精神病薬が改良されたこともあり、こうした痛ましい事件が増加することはなかった。自由の身となった〈狂人〉たちが町中を闊歩《かっぽ》することへの大きな恐怖心が、右派からの政治的な圧力によって煽られることもあった。しかし、市民はそれを受け入れるべきものと考えるようになり、ついにその恐怖心は解消された。トリエステでは、〈狂人〉たちは市民に大迷惑をもたらす存在でもなく、さらに不寛容の対象でもなかった。

一八〇号法の施行がまねいた結果について、二人の著者は、この法律自体に原因があるのではなく、むしろ、相も変わらず残存している仕組みと社会統合の方式に欠陥があるとした。そして、そうした

欠陥が、とりわけそれ以前には病人に対する必要な支援を怠らせていたのであり、その結果として、大きな負荷をかけられるべきでない病人の家族に重くのしかかっていた。「たとえ一八〇号法が改善の余地のある法律だとしても、この法律に異議を唱えるのは難しい」。一九九〇年、『コッリエーレ・デッラ・セーラ』紙のインタビューに答えて、ミケーレ・ザネッティ本人がそう述べている。しかし、その法律の内容と真の人間主義に根差した精神を、より完全な形で実現していこうとしなければ、かつてのように、今日においても、法律の訂正あるいは改訂が加えられることにもなりかねない。

本書では、バザーリアの人物像よりも、彼が何を成し遂げたのかを示すことに主眼が置かれている。私たちが生きている現実に、強烈に刻み込まれている彼の歩みを再構築してゆけば、そこには魅力に溢れる清々しい彼の姿が立ち現われてくることになる。それはミケーレ・ザネッティが評したように「鬼気迫り、心身を磨り減らすほど情熱に溢れていたバザーリアの生き方であり、年を追うごとに熱に浮かされたようになり、自己を破壊するかのごとく、力の限り活動を続けた姿」だった。バザーリアには、人を惹きつけてやまないカリスマ性、まるで子供のようで、ときには稚拙にさえみえる魅力があり、赤ん坊や芸術家のように、戯《おど》けてみせては、責任を棚上げにすることもあった。これらの内に潜む生まれながらの豊かな才能が、無意識の自己中心主義と混ざりあい、彼がその才能を無心に惜しみなく発揮したことで、そこに天才的な創造性が生み出されたのである。

また、バザーリアが成し遂げたことやその数々の成果については、妻フランカ・バザーリアの存在を抜きにして語ることはできない。彼女はバザーリアの多くの著作の共著者であり、夫の指導力を支えた伴侶だった。言ってみれば、二人三脚で歩みを進めたのである。フランカは、おそらく観念的な

厳密さを備え、規律正しく虚栄心とは無縁の厳しい女性だった。一方のバザーリアは、数々の決定的に重要な瞬間や多くの困難を抱え緊迫した局面にあっても、軽やかさや皮肉を交えること、そして、高らかに笑うことを忘れなかった。

バザーリアは、しばしば見当違いの批判を受けたが、彼が決して否定しなかったのは、精神病の存在とその病の有機的な実体だった。そしてその実体は、私たちを形作るものに根ざしていることだった。彼はそう明言している(エイナウディ社出版の著作集、第二巻三五八ページを参照)。また彼は「反精神医学」を断固として拒絶した。人が社会から疎外されることが、精神病が引き起こされる大きな要因であると正しく指摘することはあっても、それが唯一の精神病の原因であるとは決して考えていなかった。もちろんバザーリアは、心臓病を抱えた患者が、エレベーターのない一〇階の住まいで生活すれば、それが病を誘発する大きな要因となりうるように、精神病患者を厄介者として、社会的に排除し抑圧することは、患者に精神的な苦痛を与え、不安定さを助長させると述べた。

またミケーレ・ザネッティが、バザーリアの葬儀で弔辞を述べた際に強調したのは、次のようなことである。それは、バザーリアが実際に我々に理解させてくれたのは、「改革者や解放者の行為は説教からではなく、生きた経験から獲得した明晰さをもとに、生身の人間が本当に欲しているものから始められなければならないということである。そして生身の人間は、権威的であるがゆえに安心感を与えるかつての抽象的な規則に基づくのではなく、あるがままの人間として、深く理解され受け容れられるべきである。というのは、規則とはそれに従わない人間に暴力を振りかざし、また、規則に従わない人間は権力を持たないために排除され疎外されるからである」ということだった。自分の考え

に近いイデオロギーに対してさえも批判を加えたという点で、バザーリアは苦しい立場に立たされたが、人間の解放を実現することが、彼にとって何よりも必要だったのである。

もちろん、政治的な場面において際立つ本能的な嗅覚で、バザーリアは協力者のなかに「反精神医学」というイデオロギーを肯定する者がいるのを容認していた。創造的であるのと同時に、矛盾や混乱に満ちた異議申し立ての日々のなかでのことだった。バザーリアはそうしたイデオロギーには同意できなかっただろうが、おそらくその時点では、その解釈がやむを得ないものであるか、あるいは彼らの解釈が歪《ゆが》んでいるからこそ都合がよいと考えていた。野うさぎを仕留める狩人となるためには、当時彼が立っていた地点より一メートルでも前に出て、照準を定める必要があった。さもなければ、狙いを外してしまうからだった。一九七七年九月、トリエステで開かれた精神医学の代替案を唱える「レゾー」の会合で明らかになったように、急進派の活動が芽生えつつある最中、サン・ジョヴァンニ病院では、新しい民主精神医学は、フランスかぶれの左派反議会主義運動および急進派の小グループと接触をもった。しかし、同年の会合では、こうした関係のなかで対立が生まれ、両者が次第に溝を深めてゆくことが余儀なくされた。もちろん、急進派側の言い分に過ぎないが、彼らはバザーリアを改革者とみなしていたのと同時に、彼らの目にバザーリアは、「システム」を強化させる危険因子として映っていたのである。

最後の締めくくりとなる革命が実行に移され、それが翌朝にでも完結するかのように、直ちにすべてが実現されることを望むのは、稚拙な急進主義が考えることである。彼らはそうした革命が実現されないと知るや、しばしば、どんなにわずかな実際の進歩にも異を唱える反動主義者へと変貌し、

「革命」を起こすことなど不可能であり、世界の改善を企てるすべての試みは無意味だと確信するにいたるのである。また、多くの旧六八年組の者たちと、とりわけ一九七〇年代の旧急進派の者たちは、その後ベルルスコーニ派へと鞍替えしていった。例の熾烈をきわめた会合で、当時、バザーリアへの反抗を露わにしていた者たちの多くも同様の道をたどった。この点について、本書の二人の著者は、「たとえ偽《にせ》の改革主義だったとはいえ、当時の積極的な行動主義に衝《つ》き動かされていたときと比べると、今日では彼らは遥か遠くの対岸に渡ってしまったかのようだ」と綴っている。

こうした点についていえば、バザーリア派のなかには――バザーリア本人ではない――ある種のエリート意識と閉鎖的な集団意識を共有していた人々が、前途多難だった最初の段階にはいただろう。そうした閉鎖的な集団意識のなかで、彼らはそれぞれの派閥に分かれ、貴族的に振る舞いつつ自分にこそ真実があると考えていた。同時に、知的な側面、臨床医学的な側面、そしてイデオロギーの面で異なる背景をもつ者に対しては、しかるべき対応で受け容れるどころか警戒心さえ抱いていた。たしかにバザーリア派となった人々は、初めからそうした派閥の一員になることはなく、新たな精神医学に対しても、すべての立場を共有することはなかったかもしれない。しかし、彼らは新たな潮流とも誠実に協力関係を築きながら、バザーリアの良心と解放者としての役割を疑わず、真実に近づいていった。異なる前提から出発している者たちの立場からすると、まったくの部外者とはみなさず、ありがちなことだが、不審の目で見たりしないことは、価値のある態度である。それと同じように、以前から存在する精神科医や異なる背景をもった精神科医を十把《じっぱ》一絡《ひとから》げにして、刑務所同然であるマニコミオの看守のようにみなすことは公正ではないのである。

こうした姿勢は、たとえば我々が記憶しているように、ある患者がベルサッソ医師に重傷を負わせたときのような、難しい局面で垣間見えてくるものだった。当初、ベルサッソは、バザーリア派の医師ではなかったが、やがて新たな取り組みに参加するようになり、異なる背景を持ちながらも、彼がサン・ジョヴァンニの精神病院に勤務していたとき、連帯を訴える数多くの電報が届いていた。しかし、その当時、運動に参加していたごく身近にいた者が述べたように、その電報が負傷したベルサッソへのメッセージなのか、あるいは加害者の患者へのメッセージなのか、誰にも分からなかった。電報には、改革を擁護しようというイデオロギー的な不安だけが表れていた。他方で、その時点では、負傷した仲間に賛辞を述べるだけのものもあった。また、仲間が負傷したことで、新たな精神医療を論争に巻き込むことはなかったし、よくいわれたように、以前と比べて様々な種類の事故が数多く起きていたことの責任を、新たな精神医療に負わせることはなかった。

バザーリアの存在と彼なくしては生まれなかった改革は、私たちの世界を刷新し、多くの人々の人生をなんとか耐えうるものにした。本書は、物語の力も借りながら、バザーリアの取り組みの協力者や継承者だけでなく、特徴ある人物たちもだが、稲妻のように強烈で忘れがたい人々を跡づけることで、バザーリアの姿を再構築するものである。特徴ある人物たちというのは、暗闇から姿を現した人々、以前は隔離されていたが今では正常とはいえないまでもなんとか生き延びられる生活を取り戻した人々、あるいは苦しみを抱えながらも、人間として誠実で陽気な一面もある悪漢小説の主人公のような人々のことである。バザーリアは、彼らの尊厳、また被害にあった者でもみせられる微笑みを取り戻そうとして奔走した。そして本書では、初めは恐怖心を抱いていたものの、後には異色の人々

を受け入れるようになったトリエステという町が、暖かい光に包まれて描き出されている。「どんな法的措置もそうであるように、一八〇号法もまた時間の経過とともに成熟してゆくものである。したがって、今後も改訂され、改良されうるだろうし、そうあらねばならない」とミケーレ・ザネッティは述べている。しかし、それは、この法律の精神を発展させ更新していき、人間の解放をいっそう推し進めるという意味においてのみである。立役者となってそれを成し遂げたバザーリアは、本書のなかで生き生きと描き出されている。

（1）イタリア語版前書きを寄せたクラウディオ・マグリス(Claudio Magris 一九三九—)は、トリエステ出身のドイツ文学者、作家、批評家である。トリエステ大学でドイツ文学の教鞭をとった。イタリアの全国紙『コリエーレ・デッラ・セーラ』に多くの記事を寄せ、時事問題にも積極的に発言している。主な著作に、『オーストリア文学とハプスブルク神話』(一九六三年。邦訳は水声社、一九九〇年)、『ドナウ』(一九八六年。邦訳はNTT出版、二〇一二年)、『Microcosmi』(一九九七年。ストレーガ賞受賞)、『Trieste』(一九八二年。アンジェロ・アラとの共著)などがある。国内外で数々の賞を受賞し、イタリアでノーベル文学賞受賞に最も近い作家の一人といわれている。マグリスはバザーリアらの精神保健改革への支持を早くから表明し、全国紙に記事を投稿してその意義を訴えるなど、協力を惜しまなかった。この前書きを通じて、イタリアにおけるバザーリアの評価と位置付けをうかがい知ることができる。なおマグリスと本書の著者ザネッティは、義理の兄弟の関係にある。

（2）ボルヘス　Jorge Luis Borges　一八九九—一九八六　アルゼンチンの作家。

（3）ホフマン　E. T. A. Hoffman　一七七六—一八二二　ドイツの作家。

（4）ウルツィディール　Johannes Urzidil　一八九六—一九七〇　チェコ生まれのドイツ語作家。

（5）キップリング　Rudyard Kipling　一八六五—一九三六　イギリスの作家。

補遺　文献目録および書誌解題

フランコ・バザーリア

論　考

1～121〔巻末の一覧を参照〕

刊行著書

1　『精神医学とは何か』一九六三年パルマ(パルマ県行政部監修)、一九七三年トリノ(エイナウディ社刊)

2　『否定された施設』一九六八年トリノ(エイナウディ社刊)

3　『死にゆく階級』一九六九年(エイナウディ社刊)

4　『逸脱するマジョリティ』一九七一年トリノ(エイナウディ社刊)(フランカ・オンガロ・バザーリアとの共著)

5　『平和に潜む犯罪』一九七五年トリノ(エイナウディ社刊)(フランカ・オンガロ・バザーリアとの共著)

6　『俎上に載せられた施設』一九七四年ブエノスアイレス(アルゼンチン)(エンクアドレ社刊)

7　『もう一つの精神医療――理性による悲観主義でも、実践による楽観主義でもなく』一九七九年サンパウロ(ブラジル)(デバテ社刊)

インタビュー集

1　『沈みゆく船』一九七八年ローマ(サヴェッリ社刊)(S・タヴェルナ編)

2　『暴力』一九七八年フィレンツェ(ヴァレッキ社刊)(G・コントロッツィ、G・P・デッラックア

編)
3　『桑の庭』一九七九年トリノ(エイナウディ社刊)(E・ヴェントゥリーニ編)
4　『精神医学はどこへ向かうのか』一九八〇年ミラノ(フェルトリネッリ社刊)(L・オンニス、G・ロルッソ編)

作品群の概要および趣旨解説

ここにまとめられた諸論考からは、精神医学に関する思索が段階的に発展していった様子が見てとれる。そこでは排他的で現実から乖離《かいり》した科学の体系に対して、一連の批判や抵抗、否定を行っている。それは科学の硬直性を拒絶することで、精神疾患が抱えた現実に対する有効な返答を探し求める道のりでもある。

以下では、多岐にわたる特定の主題をさらに細分化していく。論考は、四つの段階に明確に分類することができる。それらの四段階は、科学をめぐる四つの契機と姿勢、さらには現実を分析し把握していく漸次的なプロセスにも対応している。また時系列的にも論理的にも、あらゆる契機は先行するものに対する否定とそれに伴う発展として現れることになる。

1)　第一段階(1)

第一段階は、精神医学分野の専門知と初めて接触し、一つの科学が有する諸基準にひたすら盲目的に順応した痕跡と見なすことができる。ここでは、科学が取り扱う分析対象や分析手法は所与のものとされ、今さら議論の余地のないものとして提示される。科学研究とは、科学が拠って立つイデオロギーによって、明確に区切られた境界線の内側で行われる、証明と反証のゲームである。そこではあらかじめコード化された基準にしたがって、あらゆる問いへの解答がカタログ化されているか、あるいはカタログ化が可能なかたちで準備されている。分析には絶対的な価値を持つものとされた方法が用いられ、適用されるよう制限されている。そうした方法は、検証したいと考える現実に応じて吟味されるわけではない。ここにはすでに前提となる条件が用意されており、疾患の定義の正しさは、既存の科学的な客観性のなかで受け容れられているのである。

2）第二段階[2]

第二段階では、特定の専門分野から抜け出し、人間が抱える諸問題をより総体的な視点から捉えようとする試みに向かう。精神疾患の問題は、次第にこうした視野へと立ち戻されることになる。つまり、人間を取り巻くすべてのものを重要視する思索のなかに、医学を取り入れようという試みである。またそれは、患者——医学的介入の正当性を初めから疑わせる存在——との関係性のなかで、患者を対象化しようとするものから医学を解放するための試みでもある。実証主義的なすべての医学が依拠する、対象化という科学的な方法が、精神医療の分野においては、矛盾を孕《はら》んでいるのは明らかである。それゆえこの分野においては、病人と病とを、科学によって対象化できる「データ」として捉えることはできない。病人と病は、治療を施す医師の側の主体性と同様に、病人自身の主体性にもかかわっている。さらには病人と医師のそれぞれの信念や価値観のあり方の問題でもあるのである。

第二次世界大戦中、ヨーロッパで進行した非人間化に対する返答として生まれた実存主義的現象学は、生身の人間についての問題をふたたび前面に押し出した。ここでいう人間とは、閉じたカテゴリー体系によって定義できる抽象的な実体ではなく、社会のなかで苦悩する主体—客体としての生身の人間のことを意味している。さらにこうした哲学的な思想への共鳴は、失われた主体性の奪還を目指すものである。精神医学において、実践的・理論的な解釈と適用を提起するミンコフスキーやビンスワンガーやストラウスなどに、こうした方向性を見出すことができる。また、第二段階におけるこうした思索は、第一段階で突きつけられた要求への回答を探究する一助となるように思われる。それは、硬直した症候学上の定義において、病を漫然と分類するのではなく、病人という実存の異なる様態への理解を通じて、当人に歩み寄る可能性を提起するものである。[3]

こうした思想への賛同は、本来であれば包括的な理解が必要とされるはずの科学的な価値と定義の体系のなかで、引きこもり続けている人々が持つ主知主義をまさに破壊するものとなるだろう。それは病人を科学的観点から対象化することにとらわれた、

非人間的な科学を拒絶することを意味する。したがって実存主義的現象学は、科学が依拠するイデオロギーの土壌を暴き出す、これまでには存在しなかった手段である。そして病人という実存のそれぞれの様態を認識することを通じて、「データ」と化していた存在の自律性と理解を奪還する可能性を秘めている。

この第一番目の否定は、フッサール的に解された「身体」についての分析に主に基づいている。「身体のイデオロギー」が構築される際に、医学的なイデオロギーが構造化される仕組みを明らかにする方向で、概念化が進められる。さらに様々な論考を通じて発展した問題は、神経症における多様さの表れとして、身体のイデオロギーに関する分析そのものとなる。またそうした問題は、精神医学が抱える諸問題の解釈に対する問いを投げかけている。

しかしながら、問題に対するこうした接近方法は、ときにイデオロギーに転じてしまう。物事の本性を規定したり、条件づけている関連性を論じることなく、単に外見的な様相だけを取り扱う場合がそうである。あるいは、不十分な結果をまねいたり、十分な批判力を持ちえないのは、現実へのさらなる批判を展開しようとして、提起された数々の限界を乗り越えたつもりになっている場合である。このような研究方法や治療行為の不十分さは、知性を働かせただけの考察が、精神病者の現実に直面するやいなや、露呈する。こうした事態が生じるのが、精神病者の治療を委任された精神医療施設――マニコミオ――である。

精神医療施設という暴力的、破壊的、そして隔離的な現実に触れること。精神医学とは、患者が属する社会的・経済的階層の違いによって、ほとんど覆せない定義を好き勝手に行っているが、そうした医学の差別的な特徴に隠されている階級的な意味を究明すること。レッテル貼りの装置である精神医学、レッテルが貼られた人々を破壊する装置であるマニコミオ、この二つが担っている明白な機能があり、ここではさらなる研究が必要とされている。治療対象とされた精神病者が、もし治療の名のもとに徹底的に破壊されてしまうとしたら、精神医学が依拠するメカニズムと構成要素とは何か。精神医学はどのような装置を用いているのか。そこにはどのような

目的があるのか。こうしたことを解明する研究が必要とされている。

施設によって破壊された精神病者の実存の様相を定義できる術語など存在しない。現象学は病人の現実を研究し、理解する方法ではあるが、それは特権的な病人に対する、特権的な手立てである。病人の現実に触れることで直面するのは、こうした現実が生み出されるにあたって、病はどれほどの部分を占めているのか、そして病とまったく無関係な要素はどれほどの部分を占めているのかを割り出すことの難しさである。その困難とは、概念として練り上げることと暴力に満ちたこの現実との間に横たわる隔たりそのものである。そしてその隔たりそのものによって、病をめぐる従来の定義の妥当性は危機に陥っている。またその危機は、病がそれに背き違反している規範の境界線にも及んでいる。施設では、本当の治療と呼べるものなどまったく行われず、施設という存在そのものの暴力性と差別的で閉鎖的な意図を隠蔽するための治療が行われている。それによって、治療という概念についての従来の定義の妥当性も危機に晒《さら》されているのである。

3）第三段階(4)

精神医学の実践との出会いから第三段階が始まる。それは、科学としての精神医学が有する定義、手段、目的に直接的に由来する現実と出会ったことを意味している。またこの段階を施設の否定と位置づけることができ、それはイデオロギーとしての精神医学の否定につながるものである。というのも、このイデオロギーは、ある一つの現実に対して、理論的な正当性と実践的な対応策を提供しようと努めてきたからである。そしてその現実とは、科学としての精神医学が組み込まれた一般体系を維持するために、適合をはかり、それを再生産することに加担してきたものである。

ここでの議論は、精神医療施設に身を委ねたばかりに、病人となった人間を分析することから開始される。つまり治療目的と公には言い続けながら、施設が病人に対して何を行っているかの分析である。そうした分析は、病を覆い隠していた施設という外被を、実際に剝ぎ取ったことで初めて可能になった。つまり、理解不能な振る舞いを定義したり分類した

りするものとして、病を括弧に括《くく》る試みが必要だったのである。それは施設での生活によって、患者が背負わされたものを取り除くためであり、患者が破壊されていく過程で、どの部分には病が、そして、どの部分には施設が関与しているのかを特定するためだった。

治療としてまかり通っていたあらゆる形態の暴力を廃止し、人間的であることを根幹に据え、施設の組織的な再編を実際の行動で進めることで、精神病者の表情と病状に、徐々に変化が現れるようになった。しかし同時に、その他の要素も明るみに出てきた。それは以前には病自体と混同されていたものだった。それらが一つ一つ別々の要素になってみると、社会の一部分を構成している施設が、社会のなかでどのような意義をもっているのか、そして施設が社会のなかでどのような機能を果たしているのかを説明するものだった。つまり、私たちの保有するマニコミオの入院患者の誰もが、ある特定の階級——労働者階級もしくは下層労働者階級——に属していたという事実は、二重構造となっている精神医療の存在を証明していた。二重構造の精神医療は、病人がどのような社会的・経済的条件に置かれているかによって、異なった科学的解決方法や制裁的な措置を用いていた。その意味では、マニコミオという施設の機能が、病をあくまで二次的な問題とみなし、社会にとって障害となるものを封じ込め、管理していることは明らかだった。

こうしてみると、この明らかな隔離行為に精神科医が関与していないと、どうして信じられようか。一見したところ、技術を要する治療処置のように映るだろうが、その隔離行為が社会的な管理機能を果たしていることは明白だというのに。また、精神病者の社会復帰が可能になったとしたら、その社会復帰は回復した人々を社会が必要とすることではじめて実現するということを、どうして理解できないのか。あるいは、国の経済成長の拡大や停滞に応じて、規範の範囲も拡がったり狭まったりする。そのなかで科学的な判断の相対性は、科学の定義の不可逆性をその都度変化させる。それに目を向けないことなど、どうしてできようか。さらに、そうした科学の定義が、支配的なイデオロギーと分かち難く結びつき、イデオロギーによって左右され、イデオロギー

の維持を保証する役割を担わされていることを、どうして疑わずにいられようか。また社会経済的な基盤の変化がないままに、革新的な技術の介入をどうして思い描くことができようか。マニコミオという施設の虚偽が暴露され、その施設にいた病人の社会復帰が可能だと理解された今となっても、一新された埋め合わせの区域で、同様の管理の機能が「優れた施設」のなかで生き延びている。このことに目を向けないことなど、どうしてできようか。根幹をなす社会経済的な構造が、技術的な介入の効果を台無しにしたり、帳消しにしたりするものだとしたら、構造的な改革なくしては、どんな技術的な介入を試みたところで意味をなさない。こうした認識に至らないことなど、どうしてありえようか。

あるサービスの提供者とその利用者との契約に基づいた力関係は、あらゆる人間の経路《キャリア》を決定づけるものである。それは、医療サービスの提供の場合でも同様である。医療費を支払える者、健康保険の加入者、自治体の生活保護を受給している困窮者は、病気を患った場合、それぞれ異なった進路《キャリア》を歩むことになる。それに応じて病の進行も変わってくる。これは精神医療だけに限ったことではない。したがって病に対して無条件で否定的な価値を下すことはできない。病に対する治療サービスは、病人が交わした契約上の力関係にしたがって提供されるのであり、その病人にはどんな治療を行うのが適切か、ということではないのである。

施設への異議申し立ての行動に対する反発や反響が見られるなか、とりわけ精神医学の正統派の側から論争が巻き起こった。国内でも国際的にも、こうした異議申し立ては、実践と理論に基づいた告発としてその妥当性が認められていたにもかかわらずである。そして精神医学の正統派は、そうした妥当性をもつ見解を誤解して、あるいは故意に誤解して、科学の思い上がりであり挑発的な意図を持つものだとして糾弾した。

こうした事柄について、ジャーナリズムの世界で論争が生じた。科学という名の疑わしい中立性と無菌室のなかに閉じこもっている科学者にとって、普段であれば論争は避けて通るものだった。しかし、ここでは、世論が知っておくべき極めて社会的な問題を広めるための手段として論争が用いられた。議

論の的となっている医療サービスの利用者自身に、この闘いの意味を理解させるためだった。

政治的な論争もあった。それは精神医療施設の差別的で隔離的な機能のなかにある社会経済的な含意を明確にするためだった。イデオロギーとしての精神医学の実践が、社会に認知されていくのと同時に、科学の非中立性に対するヨーロッパの学生たちの異議申し立てが繰り広げられていた。

科学的な観点からの論争は、異なる分野から開始された。したがって、論争の要点を以下のように特定しておくのがよいだろう。

a)まずは、依然として生物学的・器質的な特徴に基づく、伝統的で硬直的な概念に固執した精神医学のアカデミズムの側からの論争である。アカデミズムの世界は、実践的な活動のなかで、旧来的なマニコミオの構造の改革に寄与する取り組みを目にしていた。しかし今まさに進行中の「ユートピア的」な活動は無謀な企てであり、現実味を欠いたものだと非難した。これは組織的な実践に関する批判だった。科学的な観点からは、生物学的な実態を軽視しているという批判があった。行われている活動が、精神医学とは無関係の社会学的な側面の考察ばかりに傾いているというのがその理由だった。さらに、精神医療の実践が依拠する概念図式が、極端に政治的になること、そして、「精神病を括弧に括ること」――ここでは精神病の存在の「否定」として解釈された――が、科学的裏付けに乏しいということに非難が集中していた。

しかし精神疾患の分野では、私たちの知識は極めて乏しいままである。とりわけ統合失調症については、様々な発症形態があることが分かっているだけで、その因果関係については、まったくといってよいほど解明されていない。だが精神病者の苦しみについて、より深い理解に到達するまで、病人の存在を「棚上げ」にし続けることはできない。なぜなら隔離と孤立によって、彼らの苦しみは増大するばかりだからである。そうではなく、むしろ実体のない、単なるレッテル貼りによる病こそ「棚上げ」にするのである。同時に、将来の研究に何らかの道筋を与え、また病をめぐる様々な要素を浮かび上がらせ、そうした要素から自由になれるように、病人の営む生活と人と人との関わりを築いていける方法を創り

だそうとすることである。もし精神病が施設症に覆い隠されたままだとしたら、病と施設症が完全に一体化した事態から、私たちは抜け出すことはできないだろう。なぜなら、そうした事態が私たちの理解のあらゆる可能性を妨げているからである。病自体というよりも、施設による暴力が直接の原因となってマニコミオにおける患者たちの破壊が起きることが暴露されるとしたら、マニコミオの収容患者たちに今日まで施されてきた治療を、どうしたら支持できようか。もし精神病の存在を本当に否定していたとしたら、その様子は精神医療施設の生活のなかに惨《むご》たらしく表われていたといえる。なぜなら施設の生活では、監視されていることを除けば、病を治療するような規則や要素は、何一つとして活用されていなかったからである。

b)精神分析の立場からの批判は、施設の否定を目指した活動が、厳密な方法論を欠いており、社会学的な駆け引きに表れる精神力動の側面を充分に考慮していないという点に向けられていた。しかし、こうした批判は、飢えに苦しむ人を目の前にして、「人はパンのみに生きるにあらず」といえない限り、受け容れることはできない。なぜなら心理状態や精神力動の駆け引きは、第一次的な欲求が満たされて初めて問題となるからである。もし人間が、家畜と同様の生活をせざるをえないとしたら——精神医療施設をこうたとえても何ら大げさではない——対人関係の駆け引きやコンプレックスの由来についての分析など、目の前の現実と比べれば、笑いの種にすぎないだろう。それは、収容・内・存在や隔離・内・存在[5]を、現象学的に分析することが馬鹿げているのと同様である。反施設をめぐる一連の闘いの結論としていえるのは、施設の沈殿物を取り去ることができて初めて、私たちは病との出会いを思い描くことができるということである。

しかし精神病は、施設だけに存在するのではない。施設の外部、すなわち、社会のなかからもつくり出される。社会は施設ときわめて密接に結び付いており、明示的な定義を持ち、それに応じて認可や制裁を下す。病に立ち向かうために病を突き止めようとすることは、必要とされるさらなる研究と探究の成果として、病を認識し続けることに他ならないのである。

4）第四階[6]

こうして施設から脱却するための取り組みが必要になった。ゴリツィアでは、実際にそうした取り組みが実行された。しかし、予算の乏しさと心理的な消耗という困難な雰囲気のなか、そこからの撤退を余儀なくされた。こうしてゴリツィアでの実践は中断に追い込まれた。

そうしたときある経験に恵まれた。それは、精神医療の問題が施設の外側ではどのように展開していくのか、とりわけ最先端の技術・産業の発展を遂げている社会的な文脈において、精神医療の問題で最も深い意味を持つものは何かを理解させてくれる経験だった。こうした機会は、ニューヨークにある地域精神保健センターの客員教授として、アメリカに招聘されたときに得ることができた。かりに施設による抑圧と文化的な位置づけとが、私たちの社会経済的な発展水準に完全に合致しているとしたら、新たな精神医療が担う真の役割とは何か。新たな管理の形態として、あからさまな暴力に、抑圧的な寛容さが取って代わった文脈では、新しい精神医療が担う真の役割とは何かを、実践の場で理解することが必要だった。

精神医療内部の問題から外部への開放という段階に移り、単純な批判から一歩前進して、これに続く発展を批判的な理解に基づいて進めていくことになった。初めに、アメリカが置かれている現実についての直接的な分析があった。その分析により、施設が組み込まれている一般的なシステムのなかで、その施設が果たしている機能が解明できれば、それを出発点として仮説を検証することができるだろうということだった。すなわち、それぞれの分野で行われている特殊な活動のような専門的な技術に基づいた実践とはいかなるものであり得るか。そして表面的には開放的で、民主的に見えながらも、変わることなく維持されている社会的な文脈において、一般的なシステムのなかで施設が果たす機能として、新しい施設がもつ政治的な意味とは何かという問いだった。それは画期的なものであると自称したがる施設の技術とそれを支えている社会経済的システムとの結びつきがどの程度のものかを具体的に把握するための問いであると言い換えることもできた。それ

は、変わらない社会経済的な構造の内部で運営されている、新しい技術的な実践の限界を見定めるためでもあった。

一見したところ開放的でそれほど差別的でもない、新たに編成された精神医療がある。その背後に伝統的なマニコミオが存在するという両義性が第一にうかがえた。それを踏まえた上で、この経験のなかで分析しえたのは、新たな病人のカテゴリーの出現という事態であり、それには、新たに編成された精神医療が従事する予防活動がそれに関係しているということだった。精神医療のこうした新しい社会的潮流によって明らかにされた社会経済的要因とはいかなるものか。それが解明されたとしたら、社会精神医学はそうした事態にいかなる方法で対処するのか。こうしたことすべてを理解するために、経済システムの枠組みをふたたび話題に取り上げる。というのも、「貧困」と「周辺性」は、生産サイクルによって産み出されるものとして、経済システムの一部に吸収されることが明らかになるからである。生産サイクルは、同時に管理システムとしても作動しているのである。

精神医療と政治の強固な結びつきは、旧来の社会的な文脈のなかで、新しい施設が同様の役割を果たしていることで確認された。そして、その結びつきを具体的な領域のなかで特定することは、革新的な技術の介入に目を奪われがちな幻想を取り去ることになる。そうした革新的な技術の介入は、それが用いられている社会経済的な構造によって、必ずしも台無しにされるものではない。とはいえ、そうして確認された事実がもたらす膠着《こうちゃく》状態への回答として、新たに行動を起こし分析を試みる可能性が切り拓かれた。一方ではそれは、それぞれの特殊性と社会経済的な世界との密接な結びつきに、引き続き実際に光を当てていくことである。またそうした特殊性と社会経済的な世界は、擁護され維持されるものである。他方でそれは、あらゆる革新的な技術の介入が——あらゆる分野で——中立化していく過程を明らかにすることである。それは現実がイデオロギー化される過程を明らかにすることに他ならず、その過程のなかで、科学は理論的な正当性と実践的な対策を提供する役割を担っている。ここでいう理論的な正当性と実践的な対策とは、諸問題の「真の」特性

に応えるものではなく、科学的な回答として相応しく、同時に一般的な現状の維持に都合のよい別の特性に応えて生み出されたものだった。

特定のものから全般にわたる問題の分析によって、「病とその二重構造」や『逸脱するマジョリティ』のような仕事を行う基礎が築かれた。そこでは、病の定義とイデオロギー化の過程についてのさらなる批判を行うことが目指された。イデオロギー化の過程では、様々な問題が本来の姿から別の姿へ変質してしまう。そして問題に対してはイデオロギー的な観点から回答がなされ、その問題の本来的な特性に対する回答は、手付かずのまま残されることになる。ゴリツィア、そしてパルマで開始された実験的な取り組みは、トリエステ(一九七一年—一九七九年一二月)に引き継がれた。そこでの課題は、精神医療の問題を施設の外部へ持ち出すことだった。しかし、新しいモデルを創り出すことが第一の目的ではなかった。というのも、こうした新たなモデルが暗に意図しているのは、アメリカの地域精神保健センターの一例もそうだったように、より広く縦横無尽に張り巡らされた管理ネットワークのなかで、それと共存する役割に依存し続けることだったからである。そうではなく、目指されたのは、施設の内部と外部の間にある壁を打ち壊すこと、この破壊を通じて健常者と病人の関係性に変化をもたらすこと、それと同時に健康と病の定義を議論の対象に据えることだった。健康と病の定義は、社会階層の格差と分業に立脚した社会的な文脈のなかで差別の道具となっている。ひとたび施設が破壊され、その内実が社会的な現実と混ざり合えば、絶え間ない変化や発展が避けられない状況が生み出される。それに伴って、「規範」についての定義も相対化されていくのである。

ここに収められた論稿は、次のような過程の段階的な発展を書き留めている。すなわちトリエステ精神病院の漸次的な解体、病院の完全閉鎖、病院外部のサービスの組織、民主精神医学運動の創造、イタリアの変革過程に関心をいだく政治勢力・労働組合・社会組織の関与、専門技術者の行動の管理を保証しうることのみに向けられた連携のあり方についてである。マニコミオの論理を否定するこの長い道のりのなかで、政治勢力と労働組合の側が、そうし

た新たな主題を自分たちの問題として捉えるようになった。それによって、精神医療支援に関する法律の制定にたどり着いた。それが一八〇号法であり、やがて国民総合保健改革法に組み入れられた。また同法では、マニコミオの廃止が規定され、従来とは異なる方法で精神障害の問題に取り組むことが提案された。科学と政治の長きにわたる闘いの成果である一八〇号法によって、新たな局面が生み出された。市民の健康に対するニーズを一括りにして扱うのではなく、それぞれのニーズに応えていく可能性がここに拓《ひら》けたのである。

以下、諸論考を主題別に分類する。

1）精神病理学総論(9、12、13、32、33、36、45－48、51、52、55、56、61)
2）精神医学の診断と臨床(7、11、17、18、26－29、31、34、35、37、38、60)
3）精神療法(8、39、44)
4）精神科セラピー(14、30)
5）精神診断学(1、1bis、2、2bis、3－6、10、15、16、19－25)
6）表現精神病理学(40－42)
7）アルコール依存症を主題とした臨床および施設に関する問題(54、58、69)
8）施設に根差した精神医療の問題(43、49、50、53、57、59、62－68、70、72－121)
9）その他(71)

1）精神病理学総論

a）精神病理学における「身体」の変容(12、33、36、51)
b）強制をめぐる精神病理学上の問題(9)
c）統合失調症を主題とした精神病理学・現象学・現象学的人間学の諸問題(13、32、52)
d）精神病理学の諸論題(47、48、61)

この一群の論考は、精神病理学総論の諸問題を研究することを目的としており、以下の四つに分類される。

a）最初の(12)では、「身体」の変容の研究を通じて、心気症[7]と身体精神の離人症[8]の問題が議論される。

ここで「身体」は、その肉体的存在を感知できるものとして認識されている。続いて(33)では、そうした感覚の変容が、統合失調症の現象として考察され、(36)では、同じく鬱病の現象としても考察される。(51)は、『精神医学の進化』のイタリア精神医学の特集号に掲載されたもので、そこでは「身体」の問題が再考されている。「身体」は、「他者」との距離を一定に保ち、「ひと呼吸おく」ことができ、自身を取り戻すために、人間にとって必要な間隔であると解されている。そうすることで、人間は「他者」の侵入を防ぐのである。また「まなざし」と「沈黙」が作り出す二つの間隔についても検討が加えられている。

b)第二群の(9)では、精神病理学の主要な問題の一つである強制の問題が分析される。とりわけ臨床的な実体として、ジャネ[9]の精神衰弱症と強迫神経症との関連について、論争を呼んだ問題を取り上げる。

c)第三群では、精神病理学・現象学・現象学的人間学の諸観点からみた統合失調症[10]の問題が検討される。(13)では、「自閉的」思考の問題が議論される。これは一分野の主題としてブロイラー[11]が提唱した、一次的な「自閉的思考」による現実からの乖離という概念が分析される。同じく統合失調症を主題とするものでは、人間学的な分析方法を用いた性格検査であるロールシャッハ[12]・テストを通じて、統合失調症候群の側面が分析される(32)。さらに(52)では、「遅滞統合失調症」の存在の有無を主題とした論争が取り上げられる。「遅滞統合失調症」は、一九六三年にナポリで開催された第二八回精神医学全国大会のシンポジウムの論題であり、発表の題目であった。

d)最後の一群では、二人組精神病[13]のせん妄[14]的力動における「信じること」と「表現すること」の関連の問題(47)、そして「アルコール幻覚症に由来するせん妄」の問題(48)が取り上げられる。そこでは、意識障害と人格障害との関連性の再検討に焦点が当てられる。さらに(ヤスパース的な意味における)初期的なせん妄の概念の意味が議論される(61)。そして、その議論を通じて、自然科学的・生物学的モデルに即したものであることと、「了解性」の基準に根差した区別を設けることという、二重の必要性が

明らかにされる。そうした問題を分析することで（せん妄自体ではない）、せん妄者は——本来性／非本来性をめぐる弁証法として、その社会的な意味合いで捉えられているのだが——「ユートピア」を選びながら、現実に背いて生きる姿を現すことが明らかになる。

2）精神医学の診断と臨床

a）強迫症状態での臨床的・診断的問題（11、26）
b）抑鬱症候群の臨床的・診断的側面（28、29、35）
c）心気症と離人症の問題（17、18、27、34）
d）統合失調症症候群に関する人間学的現象学の観点からの研究（7、31、38）
e）更年期の神経精神学的症候群と自律神経系（37）
f）神経衰弱症候群（60）

この一群の論考では、精神医学の診断および臨床の問題に取り組んでおり、それらは以下の六つに分類される。そして精神病理学総論に関する論考において明示された前提条件が、臨床的な観点から展開される。

a）第一群（11、26）では、強迫症状態に関する様々な視点が、臨床的な意味に敷衍《ふえん》して論じられる（9）。とりわけ疾病学の問題が取り上げられる。

b）第二群（28、29）では、抑鬱状態の諸側面が、臨床学および精神診断学の観点から考察される。ここでは疾病学の問題が重点的に検討される。加えて議論されるのが、鬱病とは対照的であるような抑鬱型の神経症の一症状を、臨床学上の疾病分類に含めるか否かという可能性である。さらに（35）では、鬱病に由来する「痛苦」と「不安」の間の矛盾が検討される。

c）第三群では、二つの包括的な論考（17、18）のなかで、心気症と離人症の臨床的な問題が議論される。精神病理学総論をめぐる章において、すでに理論的に扱われた論題である身体精神学の問題が、とりわけ議論の対象となっている（12）。またこの群においても、夢幻様状態[15]の現象が、離人症の現象と関連づけて論じられる（27）。さらに（34）では、精神的

拒食症が、ここでは精神的体感の問題として捉えられて考察される。

d)第四群では、人間学的分析手法を用いて、統合失調症の問題に挑んでいる(7、31)。続く注解(38)では、同様の分析手法で一症例が解説される。

e)第五群(37)では、神経精神医学的な関心にかかわる症候群と更年期の自律機能の変化との相関関係が検討される。

f)第六群(60)では、神経衰弱症候群の問題が検討される。これは一九六六年の五月にピサで開催されたイタリア精神医学学会の第二九回大会の発表テーマであった。神経衰弱の問題は、ここでは現象学的な意味、つまり修正された身体的体験の現象の問題として考察されている。そこで行われる分析は、人間が自分自身の身体との間につくりあげる関係性、したがって人間が世界との間につくりあげる関係性である現実を研究することから始められ拡がりをみせる。そうした分析を行うのは、病という身体的な体験にまさに苦しんでいる神経衰弱者が、自己との関係性において、どのように振る舞うのかを見るためである。また、一人の人間として自らをつくりあげるためには、いかにして世界――つまり身体がその一部となっている世界――を否認するのか、あるいは否認しないのか。そして自分自身にとって身体とは何であり、他者にとって自分自身の身体とは何なのか。さらに、そこで弁証法的に、自分の身体と他者との間に対立が起こったり、自分の身体が他者によって苦しめられたりするとしたら、どれほどの近さで、あるいはどれほどの遠さで他者を経験するのか。ともあれ問題は、結局のところたった一つの問いに集約される。神経衰弱者が通常とは異なる身体的な体験をすることは、イデオロギーとして自らの身体を生きている証拠にはならない。だとしたら、社会という現実とのどのような結びつきが、イデオロギーとしての類似した体験をもたらすのか。続いて、神経症の表現性――弁証法的に否認できない現実を神経衰弱者が受け入れるための妥協策であると理解されている――について簡潔な前置きをした後、次の点が論じられる。①神経衰弱であることを本人が受け容れる際、神経症の様相として表れる通常とは異なる身体的体験の現象。②神経症的な表現としての身体のイデオロギー。検討が必要とされる諸要

素を分析することで、神経衰弱者とは、自らの身体のイメージのなかに生きる病人であると結論づけられる。すなわちイデオロギーとしての病人であり、当人は、自分自身の身体のイデオロギーと他者の身体のイデオロギーを同時に生きているといえる。すなわち、他者と自分自身が属する世界を否認できないという事態に直面し、そこからくる不安に囚われてしまうため、精神衰弱者は自分自身の身体、他者、そして世界を、退行的で空想的な方法で表現せざるを得ないのである。

3）精神療法——普遍的問題と方法論的アプローチ(8、39、44)

この一群の論考は、精神療法面接における方法論的アプローチに関する研究といくつかの試みを主題としている。最初の(8)では、神経症の二つの症例の分析を通じて、医師と患者との間の直観的で前内省的な一体化としての「出会い」の問題が取り上げられる。二番目の論考(44)では、沈黙のなかの「出会い」の可能性が検討される。沈黙とは、精神療法の関係性を始めるにあたり、一言も発しない精神病患者に対して、治療者が言語を介したコミュニケーションをとることが不可能な状況を指している。そして最後の論考(39)では、サルトル的な意味での「本来性」と「自己欺瞞」の概念が精査される。重点的に検討されるのは神経症的な行動についてであり、こうした側面から精神療法の分野に関連した考察が導き出される。

4）精神科セラピー(14、30)

最初の短い覚書(14)では、睡眠導入作用のある薬剤の使用が検討される。この薬は、三種類のバルビツール酸系睡眠剤を調合したものに近く、自律神経調整薬にスコポラミンとジヒドロエルゴタミンを配合したものである。ラーガクティル〔塩酸クロルプロマジン〕とともに睡眠治療にこの薬を適用したところ、ラーガクティル自体の大きな効力を引き出す方法として効果が現れた。

二番目の(30)では、慢性精神病患者に多量のクロルプロマジンを投薬した際の作用を検討した。そこでは当初から、治療の順序だけでなく、病原や診断

の順序にも配慮がなされていた。こうした報告に着想を与えるきっかけとなったのは、チミンの主要な成分〔ピリミジン塩基の一基〕が一因となって、妄想を伴ったせん妄の患者に対して、クロルプロマジンを服薬させたところ、積極的な効能が認められたことだった。

5) 精神診断学

a) 成長期の精神診断法(3、4)

b) バルビツール酸系睡眠剤による昏睡状態でのメンタルテスト(1、1bis、2、2bis)

c) 精神科臨床における言語連想検査(5、6、15、16)

d) ロールシャッハ精神診断(10、19-23)

この一群の論考は、精神科臨床における適用をめぐって、理論的かつ実践的な考察という点で、論争の的となっている知能検査や投影法[16]などの心理検査に関するものである。

a)第一群(3、4)では、言語障害のある患者の集団を対象とした知能検査である、描画法検査が検討される。

b)第二群では、即効性のあるバルビツール酸系睡眠剤を服用して睡眠をとる前と後の各段階で実施された検査の結果が報告されている。

c)第三群(5、6、15、16)では、アメリカの心理学者ラパポートが提唱した言語連想検査が検討された意味においての投影テストである言語連想検査が検討される。そこで議論されるのは、方法論と実践的な適用が依拠する理論的な必要条件である。

d)最後の一群では、ロールシャッハ・テストが分析の対象となる。

ロールシャッハの方法論に言及するとき、私たちがいえるのは、彼はいつの時代にも古びることのない手段とは何かを明らかにしながら、彼自身の三〇年あまりの研究史のなかで、精神医学の進化を追求したということである。そうしたことは、まったく異なった精神病理学に向かうための手掛かりをヘルマン・ロールシャッハの精神診断学のなかに研究者たちが見出したことを知るだけで十分に納得できる。研究者たちは、このロールシャッハというスイス人科学者が築いた基礎の普遍性とその基礎に由来する

立場が、紛れもなく本物であることを確信していた。またロールシャッハが、主観性にほとんど何の余地も残されていないことを懸念していたとしたら、そうした懸念は、臨床データとサイコグラムとの相関関係を考慮した評価を下すことを通じて、実験的な方向性をもたらすことにつながった。そうした実験的な方向性は、ロールシャッハの概念に過剰に固執するあまり、統計学の公式で築かれた城のように、検査を固定化してしまい、本来備わっていたダイナミズムに満ちたロールシャッハの着想をねじ曲げるものだった。

もう一方、精神分析の潮流はというと、検査の誕生以来、テストの内容の研究だけに限定され、検査にはまったく正反対の実験的な方向性が別に付け加えられた。それゆえ検査は、様々な研究者の主観的な意向に委ねられてしまった。こうして検査は、「古典的な」研究の術語としてのみ使用されるか、あるいは精神分析の研究に用いられるようになった。それにより、別の方向へ向かう新たな道のりへの歩みは阻まれ、検査は不毛なものとなった。

実際には、臨床研究と精神分析研究の他に、現象学的人間学の研究が加わった。これは、クーンが提唱した意味での現象学だった。クーンは、ロールシャッハの著作研究に真っ先に現象学を導入した研究者の一人であり、その現象学を「現象学的な生の歴史」というドイツ語的な概念から導き出していた。ロールシャッハは、体験型に言及しつつ、検査を実施するための前提として、その検査が本質的に生きられた体験と結びついている必要があることを示し、検査に必要とされる条件を設定していた。したがって検査のプロトコルで把握されるのは、生きられた体験の様態がどのように表出しているかということだった。こうした地点から、現象学的な方法論は、理論的に構築されていき、さらに臨床的に応用される端緒となった。それはビンダーからストラウスへ、ビンスワンガーからクーンへ、ミンコフスカやミンコフスキーへ引き継がれた。

こうした意味で、ここに挙げた研究は、ロールシャッハによってすでに指し示されていた方向性の探究をたどりなおしているといえよう。ロールシャッハは、「プロトコルから直接的に演繹することが可能であり、反応の内容ではなく、その特殊性から推

論できるもの」を「形式的サイコグラム」と名付けていた。

こうした前提条件から出発し、ここでは、ロールシャッハの様々な論題に関する一連の研究に着手している(10、19－25)。

6) 表現精神病理学(40－42)

この一群の論考では、精神病理学的な具象表現の意味の問題が、芸術表現との対比のなかで検討される。そうした作品の二つの異なった質的側面を分析することで、「精神病理学的な作品」を美的に解釈する可能性が否定される。作品は患者にとって関係を築くための唯一の方法である。しかし、そうした美的な解釈では、表現作品のなかに含まれる人間としての志向性を認識し損なってしまう(40、42)。加えて、作品を理解する方法の難しさも明らかとなる。そして結局のところ、精神科医は、精神病理学的な具象表現を理解するのにふさわしい、たった一人の対話者として認められることになる。というのも精神科医は、精神医学の専門用語を駆使して、これらの作品を非現実的なものであると解釈できる唯一の人物だからである。そのとき医師は、表現された精神病者の世界が展開していく際の諸基準に関する専門知を活用するのである(41)。

7) アルコール依存症を主題とした臨床および施設に関する問題(54、58、69)

この一群の論考では、共同体型の治療組織におけるアルコール依存症の問題が検討される。

最初の(54)では、長期療養患者のいる治療共同体の組織ダイナミズムのなかで、アルコール依存症と統合失調症患者のいくつかのグループの役割と相互作用について記述される。そこでは統合失調症患者に対して、精神病質のアルコール依存症患者のグループが活力を与える活動に焦点が当てられる。(58)では、精神病理学と人間学的な展望のもと、アルコール幻覚症の体験を再検討し、意識清明な状態における特有の様態変化が分析される。その際、実際の日常的な文脈において、アルコール幻覚症は継続的に現れ、精神錯乱による夢幻症とは異なった次元で、意識障害が引き起こされることを明確にしておく必要がある。

続く(69)では、アルコール依存症患者の問題とのかかわりで、治療共同体が果たす機能が分析される。

8）施設に根差した精神医療の問題(43、49、50、53、57、59、62－68、70、72－121)

精神医学の歴史は、発展段階において、それぞれの時代の社会的・文化的・哲学的な思想を表現したものと考えられる。そして、精神病がこうした各次元に介在することを、実際に精神科医が「発見」したとしよう。そして次のような現象に直面するとき、精神科医には成す術がないことも認識しておかねばならない。その現象とは――かつてはコード化され、分類されていたが――最も根本にある意味は、曖昧模糊としたままであり続けている、ということである。したがって、病の症候についての疾病学と密接に結びついた問題を分析するのではなく、今まさに精神医学が直面している危機的で特異な状態こそ、露見させておく必要があると思われる。そうした探究を進めることは、私たちの研究の限界を明らかにし、臨床上では解決することのできない現象もあるという、私たちの無力さを明確にする一助ともなるだろう。そうした解決が困難な現象とは、非常に異なった次元で互いに絡み合い、強固に構造化されたかたちで現れる現象を指している。それゆえ、これまで精神医療の専門技術者とみなされていた者たちが、「科学的」に妥当性をもった解決策を提示することなどもはやできないものである。

この一群の論考が持つ意味は、「教条的な形而上学」になりつつある科学を、本来の出発点に連れ戻すことができる現実の検証を通じて、私たちの前提を問い直すことである。現実によって、その都度、検証され、照合され、必要とあらば反証されるべき仮説こそが、科学の本来の出発点である。そうしたことを示すのが、この一群の論考に共通して課された役割である。したがって、従来の精神医療サービスの土台となっているものに反対する立場を選び取ることが、まさに論考の目的となっている。現行の病院の構造は、強制的かつ権威的なシステムに依拠しており、それが患者を施設化させる主要な原因になっている。その結果、現在、精神病を発症している人々は、不当な境遇に押しやられている。したがって精神科医の立場から着手すべきことは、病院組

織の内部におけるマニコミオ的なシステムの解体に向けて、初めの一歩を踏み出すことである。それは、隔離され、関係性や責任を失い、自由を剝ぎ取られることによって、患者が被った損害を特定することでもある。こうしたことは、収容所のなかの生活が患者に強いたものである。また進められるべきは、病自体というよりも施設の権力によって破壊されるにいたった、入院患者たちの社会的なリハビリテーションである。これらは、精神病院の再編成の土台づくりをするにあたって、前提となるものである。(43)は、一九六四年八月、ロンドンで開催された社会精神医学第一回国際会議の報告主題である。さらに(50)の分析と(49)で部分的に言及されるのは、一九六五年、ローマで行われた司法医学大会における報告の主題である。(53、59、65、76、81、83、91)では、同一の主題が取り上げられている。

(57)では、排除の問題が社会精神医学の枠組みのなかで検討される。その研究は三つの段階に分けられる。①「排除」の概念が社会学的な様態として分析される。社会学的な様態とは、様々な理由から社会の発展を妨げているとみなされた集団を、社会が孤立させ、遠ざけることを可能にする穴埋めの領域が、排除のメカニズムを通じて作られるという意味である。同様の方法で、「スケープ・ゴート」の現象が解釈される。②神経症と精神病の諸側面を精査することにより、臨床学および現象学の観点から、排除された者としての精神病患者に生じる問題が検討される。③精神科の組織と関連した施設の意味において、排除された者が直面する問題に取り組む。そこでは排除され、病という囲いのなかに押し込められた病人が、社会から除け者にされた集団の一部に組み込まれていく各段階を明確にすべく努められている。またこの議論は、(70)に引き継がれ、さらなる発展をみることになる。

(62、63)は、著書『精神医学とは何か』に所収されている。この論文集は、精神医療の世界で行動するあらゆる人々――行政官から、看護師、入院患者、医師にいたるまで――が直面する居心地の悪さの理由を、根本から明らかにする必要性から生まれた。それと同時に、実践的な面から、こうした現状を覆そうという責務から生み出されたものでもあった。同書でも言及されているゴリツィアの精神病院の現

実は、白日の下に晒《さら》され議論の的となったが、今なお数々の矛盾に満ちている。そうした現実から出発して、一連の分析と原因の究明が開始され、さらには協力者たち(A・ピレッラ、D・カーザグランデ、A・スラヴィッチ、L・ジェルヴィス・コンバ、G・ジェルヴィス、L・シッター、ミケーレ・リッソ、F・オンガロ・バザーリア)の様々な論考を通じて議論は発展した。また同書には、パルマ県行政が進めたいくつかの事業(新病棟、社会療法センター、心理療法センター)も収められている。著書全体を通じて意図されているのは、単なる告発ではなく、監禁を容認するイデオロギーに対して、実践的な異議申し立てを行うことである。それと同時に、善良な治療施設である病院という幻想に対する異議申し立てでもある。なぜなら、善良な病院であったとしても、マニコミオが有する破壊的で、退行的で、差別的な機能と同じものを持ちうるからである。

(78)では、施設に根差した精神医療という用語のなかで、「身体」についての議論が再び取り上げられる。この議論は、すでに精神病理学と臨床学の章でなされたものである。ここではその主題が、分析対象を施設における慣例という側面に移して提起されている。そうすることで問題は現実的で具体的なものになり、またその問題をめぐって、精神科臨床についての弁証法的現象学に対する仮説が定式化され、概念化され得ることになる。

(67)では、実践の場から、次のことが再度明らかにされる。それは、精神病院の変革をもたらしうる専門技術者の完璧主義者振りではなく、病や施設そのものと対峙する際の危うい態度である。社会治療は、コンフリクトを解決する新たな技術として登場したが、それは施設の側の言い訳であると認識すべきである。というのも、そうした言い訳が最後に行き着く先は、病人をいつまでも退行した状態に押しとどめておくことだからである。

(68)で引き続き主張されるのは、現実逃避としての疾病学上のレッテル貼りの概念についてである。そのレッテル貼りは、イデオロギーと完全に一体化した科学の立場から行われる。臨床診断を行う際、精神医療は、これまでに解決することも、取り組むこともできなかった問題から自己防衛を図った。こうして疾病学上のレッテル貼りは、病人と健常者の

間の隔たりを判定する効力をもつことになった。そうした判定の効力は、病人がコード化される新たなカテゴリーや特定の社会的地位を定義するものとして、何にもまして作用する。したがって精神分析と現象学的人間学は、批判的な潮流の中心として検討される。そうした潮流は、革命的な運動として生まれたものの、各々の諸原則と専門用語を守るために、自らの前提を覆すような現実を一切認めず、安全な場所に身を置いているのである。

『否定された施設』に収められた(72–76)では、別の角度から、専門技術者の介入に暗に含まれる政治的な機能の解明という問題が取り上げられている。そうした専門技術者の介入は、科学の分野では当然のものとして認められている中立性の確保からはほど遠い。それは、理論的にも実践的にも、現に機能している社会経済システムの維持に貢献するものである。またその専門技術者が、精神科医という特殊な場合になると、そのシステムの請負人になることを受け入れ、自らの役割として暗に課された委託業務を遂行するのか、もしくはこうした曖昧さを拒絶するのであれば、徹底した方法で、問題に立ち向かうことになるだろう。その場合に不可欠なのは、個々の特殊性と社会経済システム一般との間の接点がどこにあるのかを明確にするという、総括的な議論のなかに問題を取り込むことである。

(82)は、E・ゴッフマンの著書『アサイラム』のイタリア語版の序文である。ここで検討される全制的施設の分析を通じて、規範に守られた豊かな生活を他者〔健常者〕が享受するために、身代わりにされた〔施設の〕被収容者が、一体どれほどの代償を支払うことになるのかが明確にされる。またゴッフマンは、精神科施設とその他の全制的施設との類似性を分析することで、被収容者を破壊し人間性を失わせるものが病であり、その病から直接的に生み出される精神病患者というイメージを解体することに成功している。それを、ゴッフマンは、精神病とは何の接点もない施設のなかで、被収容者が生き延びていく様子とそのメカニズムを示すことで説明している。

写真集『死にゆく階級』の序論(84)では、収容所としての条件の分析がふたたび行われ、さらに精神科施設が行うものとは異なる指導の可能性が強調される。その上で、同書によって確認されるのは、病

院の外部で自由なコミュニケーションが成立しなければ、たとえそれが院内で開始されても無意味だということである。しかも、その際に病院は、まさに適材適所のサービスを提供でき、そうしたサービスを望むことができる場であると病院の外部で認識されていなければならない。こうした方法で、治療による快復を支援する施設と快復した人々を必要とする社会の間の結びつき、そして相互的な利益を明示することができるだろう。しかし、私たちの社会システムが、排除されてきた者たちの復帰に関心を示さない限り、——そうした関心が、人々を蹂躙《じゅうりん》し、搾取し、そして排除するあらゆるメカニズムを撤廃させるのである——精神病患者の社会復帰は、あらゆる分野で専門家たちが行動したとしても、一見したところ暴力的には見えない施設内部における人道的な振る舞いにとどまってしまう。こうして問題の核心部分は、手つかずのまま残されるのである(93)。

アメリカからの書簡(85)は、その後に深化し、発展してゆくことになる主題の最初の素描である。そこでの理解によれば、新たな精神保健センターは、私たちの社会のなかで、社会経済的にも科学技術の面でも最先端の領域にありながら、相も変わらずある機能を果たしている。すなわち精神保健センターは、先進的な技術的制御という見せかけの背後に、社会的な管理機能を覆い隠しながら、設置された区域のなかにあらゆる逸脱の形態を押し込めようとするのである。この議論は、マックスウェル・ジョーンズの著作『社会精神医学のイデオロギーと実践』の序論(86)のなかで再び取り上げられ分析されている。そこで主張されたのは、社会経済的な発展のいかなる段階でも、それに対応した文化の定義と施設をめぐる現実が存在すること、また形態は異なっていても、そうした文化や現実は、生産性の維持と発展に必要とされる、管理をまさに続けるのに相応しいものである、ということだった。

(76、77、79、80、81、83、90、100、101、104–106、111、119)では、医療イデオロギーが直接的に生み出したものである、健康と病との明確な分離という問題に挑んでいる。健康であることが、ほとんど絶対的といえる価値を持つようになると、病気であることは、生活の通常の発展を妨げる不慮の出来事としての役柄を担わされるようになる。まるで生と死の

間には、規範など入り込む余地がないかのようである。健康であることを唯一の肯定的な価値とする抽象的で仮説でしかない価値を創り上げるために、医療イデオロギーは、生の一部として死を認識するという、人間にとって根源的な経験を覆い隠す役割を果たしている。医療イデオロギーは、自らの排他的な権限がおよぶ対象として、人間の根源的な経験を取り込むのである。つまり受動的かつ依存状態のなかで体験される自らの病気——すなわち自らの身体——と病人自身との関係を欺き、医療イデオロギーは、病を治療するのと同時に、病人を破壊するのである。そうした意味で医師は、人間と当人の経験との間に、物象化された関係性を築き上げる責任を負うことになる。病人に対して、個人的な体験としてではなく、科学によって対象化された不慮の出来事として病を生きるように医師は要請するのである。また精神医学が現在置かれている状況を精査したうえで明確にされるのが、社会システムのなかで精神科施設が果たす機能は、異常とみなされたものを孤立させ排除することに由来するものなのか否か、ということである。というのは規範という概念が、生産性という概念と分かち難く結びついているとき、それは生産性を妨げたり過剰生産に陥ったりしないように事態を管理する機能を果たす。そして、生産における必要性が、規範の境界線を拡張させたり縮小させたりし、施設における抑圧や寛容さの度合いを規定するのである。

(87)と著書『逸脱するマジョリティ』(91)では、実際の事例を通じて、ある問題——例えば、検討の対象とされた逸脱の問題——が、本来の問題とは別のものに変容する過程——つまり問題のイデオロギー化——が分析される。その過程では、問題自体の根底にある本性は手つかずのまま放置され、イデオロギー化された回答が用意される。逸脱の問題は、つまり逸脱のイデオロギーとなるのである。そしてそのイデオロギーによって、外見上は明らかな技術的発展を遂げているように見えて、下部システムの不変性を隠蔽するのに都合のよい回答が、理論的にも実践的にも、整えられるのである。

複数の章で検討されるのは、こうした過程のなかの各々の段階である。そうした検討は、様々な現実を覆い隠すと同時に生み出すことに貢献するイデオ

ロギーの分析を通じて行われる。またその様々な現実は、いつでも資本の発展段階に相応している。そして異質性を備えたイデオロギー(相反関係の激化、すなわち正の要素はその存在を誇示して、確固たるものとし、負の要素を強調しては、それを固定化させる)は、実際に、より退行的な経済段階に呼応する。そこでは、同等の価値を備えたイデオロギーによって、逸脱と異常さの制御が行われる(相反する要素の等価性、つまり健康と病は、それらが生産される段階では同等の価値を持つ。そしてその段階で、健康と同様に、病は生産サイクルのなかに組み込まれている)。また、異質性を備えたイデオロギーは、別の経済段階にも呼応している。そこでは逸脱と異常さを制御する必要性がさらに高まるが、ますます進化かつ深化し、そして縦横無尽に拡がりつつある新たな専門的な技術介入という外見の裏側に、その必要性は姿を隠してしまうのである。

(92、97、107)では、精神医療と監獄における排除という二つの問題を、同一視できるか否かが分析される。二つの現象を特徴づけているそれぞれの特殊性の背後では、逸脱を管理する全体的なシステムとして、隔離にともなう抑圧的な反応は同一のものであると分析される。

(98)は、著書『平和に潜む犯罪』の序論である。そこで分析されるのは、人文科学の専門技術者たちが、特定のイデオロギーを創り上げ、それを実践することを通じて、「コンセンサスの調達者」としての役割を果たす過程である。また同書には、現代の産業化された社会における「正当な相続人」である専門技術者と知識人の問題についての論文が収められている。そこでは様々な角度から、また、それぞれの特殊性ごとに(歴史記述、医学、心理学、精神医学、社会学、監獄と懲罰のシステムなど)、人文科学の各々の領域が、イデオロギーという名の抑圧の道具に翻訳される過程が取り上げられる。こうした過程を、実践と理論の両面から分析し研究することによって、抑圧されていることを認識している被抑圧者が、それにもかかわらず、自分自身を抑圧者と一体化させてしまうメカニズムを明らかにすることが目指されている。この分析の最終的な目的は、多様なイデオロギーの側から陰謀や抑圧の対象とされた者たちが、これらのメカニズムの認識をわがも

のとする方法を探究することによって、その認識を自らの一部として組み入れ、彼らが格闘する舞台を押し拡げることである。

M・L・マルシーリの『侯爵夫人と悪魔――あるマニコミオで書かれた日記』の前書き(95)では、ブルジョア階級の富裕な入院患者の日記から浮かび上がってくる事実を明らかにしている。当の患者はこうした階級に属しているおかげで、司法精神病院のなかで生き延び、そこから逃げ出すことさえできるのである。

ヴィート・ティンメルの『魔法のデッサン帳』の序論(96)とヴェネツィアのビエンナーレ国際美術展覧会の年報に掲載された(102)では、まさに病気が健康であることから切り離されるように、芸術的な経験を現実から分け隔ててしまう様々な能力範囲の完全な分離という現象が明らかにされる。というのも、規範に異議を唱えるあらゆるものは、規範による抑制に直面するからである。

『工場のなかの健康』と題された会合の報告(99)で提起されたのは、看護師たちが、精神医療の問題に自覚を持ち、それを自身の闘争に持ち込む必要性をめぐる問題である。監視の対象である入院患者と同じ階級に属している看護師が、病人の解放のために闘うことは困難である。収容所という状況下では、そこで課されている監視と看守としての役割に、看護師たちは自分自身を完全に自己同一化させる。そして同じ階級に属していることの証しには、もはや目を向けられなくなってしまう。そこでは、監視と治療、法律上の責任と個人に及ぶリスク、健康を手中に収めている医師への服従と病(看護師は、医師とまったく同様に、病院組織のなかで容認される行動に基づいているかどうかだけで、病についての判断基準を了解している)の間で、すべてが混乱の中に置かれているのである。

R・カステルの『精神分析主義』に寄せた前書き(103)では、精神分析に対して、著者が行った批判が分析されている。カステルは、精神分析と関連する社会構造、さらにその社会的な利用や意義に関して精神分析がいかに施設的かという批判を展開する。カステルの精神分析主義は、イデオロギーなるものに監視の目を向けながら、精神分析という新たな旗の下に論争を喚起しようとする。というのもイデオ

ロギーは、隠蔽するのに都合が良い社会的な現実を、手付かずのままに放っておくために、自身のイメージを創り出し、いつでも自己再生を繰り返すからである。

一八〇号法の施行から一年余りが経過したとき、E・ヴェントゥリーニの編纂による『桑の園』の序文(117)と(120)のなかで、収支決算が試みられている。それが闘争の成果であれ、あるいは一つの法律が、反対運動を合理化した結果にすぎないかもしれないが、その闘争の成果を共有財産として、一つの実践のメッセージを流布させることもある。またそれが闘争の成果であれ、法律は、手本となる実験的な試みが達成した水準の平均化をもたらすかも知れない。しかしそれが、後に続く実践のための共通の基盤を築き上げ、議論を広く巻き起こし、一般化させる可能性もあるのである。というのもこの法律は、長きにわたって待ち焦がれられてきたものだったからである。それに、たとえ実践的な参照点として手本となる実験的な試みが次第に放棄されるようになったとしても、わずかな人々の手で行われた闘争の内実を、より多くの人々に伝えられる可能性があるのである。

(104)では、大学における精神医学の教育を批判している。そこでは学生が実際に苦悩している病人と出会い、さらに、精神医学が自らの欠陥を露呈させる唯一の場所として、マニコミオが提示される。

ジュリアーノ・スカビアの編集によるドイツ語版『マルコ・カヴァッロ』の序文では、変革を特徴づける要素として、その象徴となるものの機能が分析される。というのも、変革を象徴するものの周囲には、期待に胸を膨らませ、互いを認め合えるような集団が生まれることがあるからである。こうした場合、その集団は、健常者と病人のグループであれ、精神病者とそうでない人々のグループであれ、人生はマニコミオに抑圧されただけのものであるべきではなく、自己表現ができるものであるということを、共通の企てを探求するなかで誰もが考えるようになるものである。

著書『もう一つの精神医療——理性による悲観主義でも、実践による楽観主義でもなく』(118)には、一九七九年にブラジルで行われた一連の講演の内容が収録されている。

(108―110)は、トリエステ精神病院の閉鎖についての証言である。また、(112、114、115、120)は、CNRの「予防医学に向けたプロジェクト」(精神疾患の下部事業)の一部である。さらに(112、114、120)は、精神医療分野における法規定に関する分析であり、(115)では、一八〇号法の制定に漕ぎつけた「イタリア・モデル」について、歴史的・批判的な分析が行われる。

エイナウディ社の『百科事典』に収録された「狂気／せん妄」の項目は、すべての文献を通じた展開を、歴史的・理論的な要点を踏まえて総括したものと捉えられる。

(1) 文献一覧の1―6に対応。

(2) 文献一覧の7―42、44―46、49、50、56に対応。

(3) ミンコフスキー　Eugène Minkowski　一八八五―一九七二　フランスの精神医学者。L・ビンスワンガーとともに現象学を導入した精神病理学を創始した。

(4) 文献一覧の43―83に対応。

(5) ここでは、ハイデッガーの根本概念である「世界・内・存在」――何らかの世界の内に常にあり、世界を了解しつつあるような人間存在の本質構造――が念頭に置かれている。

(6) 文献一覧の79―121に対応。

(7) 心気症　神経症の一つ。心身の些細な不調に強くこだわり、心配するのが特徴。ヒポコンドリー。

(8) 離人症　神経症や精神病の初期などに現れる異常心理。自分自身が行動していながら実感が伴わない、自分が本来の自分と思えない、という自我意識の障害が中心となって、現実感を喪失した状態。

(9) ジャネ　Pierre Janet　一八五九―一九四七　フランスの心理学者、精神病理学者。ヒステリーや神経衰弱の研究を通じて、精神病理学を確立した。

(10) 自閉的思考　物事を主観的にとらえ、内的な空想生活に閉じこもり、白日夢や妄想、幻覚などに支配された精神活動。

(11) ブロイラー　Eugen Bleuler　一八五七―一九三九　スイスの精神医学者。早発性痴呆症に代わって統合失調症という概念を初めて導入。パラノイヤにおける自閉的思考の役割などを研究。

(12) ロールシャッハ　Hermann Rorschach　一八八四―一九二二　スイスの精神医学者。ロールシャッハテストは、一九二一年に発表された投影法による性格検査。左右相称のインクのしみが何にみえるかという反応をもとに被験者の性格的特徴を推定するもの。

(13) 二人組精神病　精神病者と親しく接し一緒に生活する人が患者の妄想を信じることで、その人が類似の妄想などを示すようになること。

(14) せん妄　外界からの刺激に対する反応が鈍り、幻覚、妄想、運動不安などが加わった精神状態。

(15)　夢幻様状態　意識混濁や意識変容にともなって、幻視を中心とした精神運動興奮が表れる状態。

(16)　人に多義的な刺激を与えて解釈させ、表出した傾向を分析して欲求や性格を診断する方法。

フランコ・バザーリア関連年譜

西暦	歳	年譜	イタリア国内情勢および関連事項
一九二二			ファシストのローマ進軍、ムッソリーニ内閣成立
一九二四	0	三人兄弟の次男として、イタリア北東部の町ヴェネツィアで誕生	
一九二五	1		ファシズム独裁宣言、反ファシスト知識人宣言
一九二八	4	後の妻フランカ・オンガロ、ヴェネツィアで誕生	
一九三七	13		日・独・伊防共協定に参加、国際連盟脱退
一九三九	15		第二次世界大戦勃発
一九四〇	16		第二次世界大戦に参戦、伊・独・日三国軍事同盟
一九四一	17		伊と独、ソ連つづいてアメリカに宣戦布告
一九四三	19	高等学校を卒業しパドヴァ大学医学部に入学、反ファシスト派の学生グループと交友関係を築く。反ファシスト活動で半年間投獄される	連合軍、シチリアに上陸　ムッソリーニ失脚
一九四五	21		ムッソリーニ処刑、ファシズム体制崩壊
一九四六	22	フランカ・オンガロと出会う	第一共和制の開始
一九四九	25	パドヴァ大学医学部を卒業、同大学神経精神医学講座で助手として仕事を始める	

一九五二	28	実存主義や現象学に出会う	
一九五三	29	パドヴァ大学神経精神医学専門課程を修了 フランカ・オンガロと結婚	
一九五五			国際連合に加盟
一九五八	34	精神医学分野の講師を務める	工業化の進展と輸出の拡大により「経済の奇跡」(～一九六三)
一九六一	37	ゴリツィアの精神病院の院長に就任 精神病院内部の惨状に強い衝撃を受け、抜本的な改革を開始する	
一九六七	43		ピサ大学、トリノ大学占拠、各地に拡大
一九六八	44	『否定された施設』刊行、大きな反響 パルマ大学の精神衛生講座の講師を務める ゴリツィアの精神病院の入院患者が殺人事件を起こす	大学占拠紛争が激化、議会外新左翼の展開
一九六九	45	ゴリツィアの精神病院院長の職を辞任 アメリカに客員教授として滞在して調査・研究を行う パルマの精神病院の院長に就任	学生・労働者による労働協約改訂闘争「熱い秋」 「ロッタ・コンティヌア(継続闘争)」結成 「鉛の時代」(～八〇年代初頭)
一九七〇	46	ミケーレ・ザネッティと出会う	離婚法の制定
一九七一	47	パルマ大学で精神衛生の講座を担当する トリエステの精神病院の院長に就任	
一九七二	48	トリエステの精神病院の入院患者が両親殺害事件を起こす	
一九七三	49	WHOがトリエステを精神保健事業のパイロット地区に指定	共産党、「歴史的妥協」を選択して連立政権に参与

		「労働協同組合」の設立 マルコ・カヴァッロの行進	
一九七四	50	「民主精神医学」が発足	
一九七八	54	一八〇号法成立、施行	「赤い旅団」によるモーロ元首相誘拐・暗殺事件
一九七九	55	サンパウロで開催された会議に出席 トリエステの精神病院院長を辞任 ローマで新たな精神保健サービスの改革に着手 脳腫瘍に倒れる	
一九八〇	56	トリエステの精神病院が閉鎖。八月二九日、ヴェネツィアの自宅で死去	
二〇〇五		妻フランカ・オンガロ死去	

（作成：訳者）

訳者あとがき

世界に目を向けてみると、日本の精神医療の特異さは際立っている。精神科の病床数は三〇万床を超えており、これは人口比でも絶対数でも先進諸国のなかで最大の規模である。驚くべきことに、全世界の精神科の病床の総数の約五分の一を日本が占めている計算になる。また、精神科入院の平均在院日数は約三〇〇日となっており、この数字はOECD諸国の平均である三六日に比べて桁《けた》外れに長い。本人の意思に反した強制入院の割合も国際的にみて極めて高いのが現状である。

そうした日本の精神医療体制のあり方に対しては、再三にわたって世界から厳しい目が向けられてきた。二〇〇四年になって国はこれまでの隔離・収容中心の精神医療政策から地域移行への方針を打ち出したものの、実際のところ入院中心のモデルはほとんど変わらぬまま今日にいたっている。

本書の舞台となっているイタリアは、ある時期まで日本と似通った道すじをたどっていた国の一つである。二〇世紀の初頭、イタリアでは精神医療法が制定された。その内容は患者の治療よりも社会の治安が優先されるというものだった。第二次世界大戦後も旧法は存続し、精神病患者は社会にとっ

ての脅威と見なされていた。しかし、精神医療をめぐる状況は一九六〇年代を境にして一変することになる。心病む人々の欲求を変革の根幹に据え、法律の制定を通じて大胆な改革を最前線に立って成し遂げたのが、精神科医フランコ・バザーリアだった。

本書は、精神病院のない社会をめざして闘ったフランコ・バザーリアの伝記(Francesco Parmegiani e Michele Zanetti, *Basaglia: Una biografia*, Trieste: Lint Editoriale, 2007)の全訳である。著者の一人であるミケーレ・ザネッティは、バザーリアと二人三脚で精神保健改革を断行した政治家である。彼は一九六〇年代末にパリ大学で法律学の博士号を取得すると、故郷であるトリエステに戻って政治家としての経歴を開始した。そして、一九七〇年には三〇歳の若さで県代表に選出された。その就任直後、視察したトリエステ県立精神病院の非人間的な惨状を目の当たりにして大変な衝撃を受ける。その際、ザネッティは現状に変革をもたらすことができるのはバザーリアをおいて他にいないと考え、ヴェネツィアまで直談判に出かけて行った。バザーリアが院長に就任してからは、行政の立場から改革の実現に尽力した。一九七七年には、バザーリアとともにトリエステ精神病院の閉鎖を宣言し、その後のイタリア全土における精神病院廃絶への道すじを作った。今日でも、ザネッティの存在なくしてバザーリアの改革は不可能だっただろうと考える人は少なくない。本書の第二章は、もう一方の著者であるトリエステ出身でジャーナリストのフランチェスコ・パルメジャーニによって執筆されている。それ以外はすべてザネッティの手によるものである。したがって、この伝記で描き出されているバザーリアの姿は、主にザネッティの視点から再構成されたものであると考えてよいだろう。

改革の立役者フランコ・バザーリアについては本書で詳しく語られているので、ここでは彼の生い

立ちと精神病院の廃絶にいたる経緯を記しておきたい。バザーリアは一九二四年にヴェネツィアに生まれた。彼の生家は、ヴェネツィア本島の中心部に位置する、総督を輩出した一族の館の最上階にあった。青年時代のバザーリアは、その後の将来を決定づける二つの出来事を体験した。一つは当時のファシスト政権下で投獄された事件だった。彼は同級生とともにファシスト政権への抵抗運動に関与したが、仲間の密告によって反逆罪で逮捕されてしまう。幸運にも半年間で拘留から解放されたが、この体験は収容施設にたいする恐怖心として、澱《おり》のようにバザーリアの身に染み込むことになった。もう一つの出来事は、ヴェネツィアでの交友関係を通じたフランカ・オンガロとの出会いだった。彼女は後にバザーリアの生涯の伴侶となった。二人の結びつきは家庭内にとどまらず、バザーリアの思想的な発展と実践のいずれにおいても、オンガロは欠かすことのできない存在となった。

高校卒業後、バザーリアは名門パドヴァ大学医学部に進学する。その当時主流だったのは、精神疾患の原因は脳の器質的問題にあるとするドイツに由来する精神医学だった。しかし、バザーリアは早い時期から正統派の精神医学から一定の距離を取り、独学であらゆる分野の書物を読み漁《あさ》った。なかでも現象学や実存主義に傾倒し、狂気を人間の一つの本質的な条件ととらえる視点を獲得していった。バザーリアは若くして専門的な論文を次々に発表する新進気鋭の研究者だった。しかし、学閥や人脈が強く影響するイタリアの大学の世界では、彼の先進的な思想的立場を好ましく思わない人々が少なく、大学内での処遇は決して恵まれたものではなかった。そうした時に打診されたのが、ゴリツィア県立精神病院の院長の席だった。パドヴァ大学からゴリツィアの精神病院へという異動は、大学の出世街道から外れた「左遷」を意味していた。しかし、バザーリアはこれを甘んじて受け入れた。

この苦渋の決定を後押ししたのは妻のオンガロだった。一九六一年、バザーリアが精神保健の歴史に新たな一ページを刻むことになる決断をしたとき、彼は三七歳だった。

バザーリアが変革を開始した当時、欧米諸国ではすでに精神病院の課題が共有されていた。精神病院への批判は、一九六〇年代に高揚した旧世代的な制度と価値観に対抗する異議申し立ての運動と合流し、精神医療分野を越えて社会全体に広まっていった。とはいえ、そうした潮流は一枚岩ではなく、そこには次のような様々な試行錯誤があった。(一)精神病院の人間化(イギリスの治療共同体の試み)、(二)精神病院の地域化(中間施設など地域サービスの構築)、(三)精神病院の縮小(アメリカの脱施設化のような政策誘導)、(四)精神病院の改良(実験病棟や開放病棟、病院外で共同体をつくる試み)、(五)反精神医学(精神病の存在そのものを否定する思想的潮流と実験的試み)などである。これらは従来の精神病院や精神医学に対し批判的な評価を下している点で共通していたが、必ずしも精神病院の廃絶を目指すものではなかった。バザーリアが立てた最終目標は、まさに精神病院の完全撤廃だったのであり、その意味で他の試みとは似て非なるものだった。

なぜバザーリアは「精神病院のない社会」の構築にそれほどまで固執したのか。「自由こそ治療だ」という標語に端的に表れているように、それは施設によって剝ぎ取られた「自由」を患者が再び取り戻すためだった。ゴリツィアでの改革を通じて、バザーリアは、精神病院は「治療のための施設」ではなく、「暴力の施設」であるという認識に到達していた。病院では「施設化」という有形無形の暴力が横行することにより、患者は「人」から「モノ」に変えられていく。この過程で患者が失うのは、精神病院から出られないという〈……からの自由〉だけではない。何かを欲して行動しようという

〈……への自由〉をも喪失するのである。もし患者たちが施設からの外出を願うならば、彼らはおのずと施設の論理に従うことになる。しかし、ひとたび施設の論理に慣れきってしまうと、もはや自ら何かを欲し、行動しようという自発性を失ってしまう。施設という場では、上記の二つの自由が並存することはないのである。このことをバザーリアは「蛇の寓話」(第二章を参照)を引用して、明快に説明している。

ただし例外があった。富裕層に属する患者たちである。彼らは高額な費用と引き換えに、適切な治療を享受することができた。「裕福な病人」は「人」として扱われるが、一方の「貧しい病人」は精神病院で「人」から「モノ」に変えられてしまう。こうした「二重構造の精神医療」を明らかにしたのが、他でもないバザーリアだった。さらに、治療という名目で精神病院を容認する精神医学、そして医師や看護師の日々の業務、さらに隔離・収容を黙認する市民社会の無関心が、患者から「自由」を剝奪することに加担している実態もバザーリアは糾弾した。精神病院で日常的に行われているあらゆる形態の暴力を倫理的な観点から拒否し、それが科学的にも実践的にも無意味であることを実証し、社会のなかで精神病院がどのような機能を果たしているかを解明することによって、精神医療の問題を社会全体の問題として告発したのがバザーリアの慧眼《けいがん》だった。精神病院の存在は近代以降の社会的な問題を象徴しており、したがって精神病院を廃絶することで、彼は社会に風穴を開けようとしたのである。やがて、それはトリエステにおける地域精神保健サービスの構築として結晶することになる。

バザーリアの変革の特質は、精神病院の「内」と「外」を分離している壁を破壊したことだった。この「壁」は物理的な「壁」にとどまらない。市民と障害者とを分離する「壁」であり、健康と病気

を分割する「壁」であり、さらには個々人の内なる正気と狂気とを隔てている「壁」である。バザーリアがこれらの「壁」の撤廃を変革の中心に据えたとき、目指すべきものは、必然的に「内」と「外」の区別のない市民社会の実現になった。そこに立ち上がってくるのは、狂気を日常として生きる私たちの姿である。「狂気」は、社会秩序を乱す「問題」ではなく、悩み苦しむ私たちの「体験」の一部である。こうしたアンビバレントを生き抜く智恵と術を編みだすこと、それが本書を通じて、私たちにバザーリアが突きつけている課題である。

次に構成についてだが、バザーリアのたどった軌跡が三つの要素から描写されているところに本書の特徴がある。第一に、表題が示している通り、バザーリアの生涯が伝記という手法で再構成されている。本書ではバザーリアの人物像に比べて、改革を成し遂げるために彼が築き上げた人と人との関係性を描き出すことに重点が置かれている。それによって、ともすれば変革はバザーリアという唯一無二のカリスマによって成し遂げられたというように、理解が単純化されてしまうのを本書は拒んでいる。実際のところ、バザーリアの問題提起に共感し理念を分かち合った数多くの人々が力を尽くしたのであり、本書ではその姿が生き生きと浮かび上がってくる。第二に、豊富な写真と解説を交えた構成である。一枚一枚の写真という当時を物語る視覚的な資料からは、「もう一つの精神医療《オルタナティヴ》」の創造に向けた高揚感や緊迫感や焦り、精神病院に収容されていた人々の悲痛なまなざし、数々の予期せぬ出来事に直面したときのバザーリアたちの切迫した表情が、臨場感をもって迫ってくる。そして第三に、補遺として収録されたバザーリア自身による書誌解題である。そこでは、彼の思想と実践が段階的に発展していく様子が包括的に記述されている。バザーリアによって執筆された著書や論考の全

体像が紹介されるのは、日本では初めてのことだろう。伝記《バイオグラフィー》、写真集《フォトグラフィー》、文献目録《ビブリオグラフィー》の三つの要素が本書を再構成することで、なぜバザーリアが生涯を通じて精神病院の廃絶にこだわり続けたのかが克明に記録されている。

バザーリアを論じた書物は、イタリア国内外ですでに出版されている。しかし、ザネッティのようなバザーリアのごく身近な立場にいた人物が著したものは本書が最初である。バザーリアを間近に観察し続けたザネッティだからこそ、本書は彼の姿を鮮やかに描き出すのと同時に、変革の原点を伝える貴重な証言となっている。

こうした二人の近しい距離感が表れているのが、本書を締めくくる葬儀の場面だろう。バザーリアが息を引き取ったその日、ザネッティはフランカ・オンガロ夫人から連絡を受けて、弔辞を依頼された。葬儀の場で弔辞を述べたのはザネッティただ一人だったというから、バザーリア夫妻から彼への信頼がいかに厚かったかがわかる。ザネッティは夜を徹して追悼文を書きあげた。式の当日、集中豪雨に遮《さえぎ》られてトリエステ発の列車が遅延となったために、ザネッティがヴェネツィアに到着したのは葬儀が終わろうとする頃だった。そして、降りしきる雨のなか、亡きバザーリアを偲んで参列した大勢の人々を代表し、ザネッティは厳かに弔辞をよみ上げた。今後も未発表の資料や新たな証言に基づいた「バザーリア論」が世に出ることもあるだろう。しかし、まさにバザーリアが先立ったとき、彼の思い出を語る役割を託され、深い理解と万感の想いを言葉にし、それを後世に遺すことができた人物は、ザネッティをおいて他にいない。改革のもう一人の立役者であるザネッティが、バザーリアの理念を刻み込んだのが本書であり、それが大きな独自性となっている。

また、ザネッティによる別れの言葉には、もう一つの独自性がよく表れている。本書に登場する人物たちの関係性の変化である。それは、なぜ精神病院の廃絶を実現できたのかという問いに対する、一つの返答ともなっている。改革を開始した当初、バザーリアとザネッティは、現場の責任者である「精神科医」と改革を取り仕切る「行政官」という、立場の異なる二人だった。さらに、本文にあるように、政治的主張や宗教的信条も互いに相容れないものがあった。しかし、そうした相違を越えて共通していたのは、「人間を人間として扱わないことが許されてはならない」という根本にある倫理原則だった。ここでいう「人間」とは、抽象的な存在ではなく、今まさに生きている私たち一人一人の生身の姿を意味している。そうした彼らの共通認識には、二人が生まれ育ったのがナチズムとファシズムが席巻した時代のヨーロッパであり、そこでは体制や集団の決定によっていとも簡単に人間性が破壊されたこと、そして戦後の社会に生きる人々がマニコミオのなかで同様の過ちを繰り返してはならないという強い信念があった。こうしたことが、互いの地位、役割、主義主張、信仰よりも、人間が人間らしくあるための倫理原則を最優先させた。二人三脚で改革を推進するうちに、彼らはファーストネームで呼びあう親しい間柄になった。この関係性の変化こそ、変革に不可欠な要素だった。

そしてザネッティとバザーリアの間で起こったのと同様の変化が、改革にかかわった政治家、医師、看護師、そして何より患者たちを含めて表れた。本書には、実に数多くの人々が固有名詞で登場する。その一人一人が、異なった立場や境遇にありながら、バザーリアを中心として深い友情と信頼で結びつき、一人の人間として再び出会っている。そうした関係性の繋がりこそが、大改革を実現させるのに不可欠な原動力となっていた。

バザーリアが創り上げたネットワークは、ヨーロッパ内外に広がっていた。その大きな潮流は、サルトルといった世界的な知識人、有力な政治家、芸術家、若者、患者たちにいたるまで、数多くの有名無名の人々を巻き込んでいった。バザーリアたちの運動は、「点」として孤立していたのではなく、トリエステを一つの「結節点」として、変革のための世界的なネットワークを形成していたのである。今日では、トリエステはＷＨＯによってパイロット地区に指定され、地域精神保健の優れた取り組みを世界的に広めていく一大拠点になっている。

精神病院の完全な廃絶という「ラディカルな」訴えを起こしたバザーリアたちは、自分たちが少数派であることにいつでも自覚的だった。運動を進めるために頼りにできたのは、人の力と言葉の力だった。顔と顔が見える関係、個人と個人が互いに深いところで納得し、信頼し合い、各々の立場で実現可能なことを最大限に成し遂げた。晩年のブラジル講演でバザーリア自身が述べたように、「勝利《ヴィンチェレ》」したのではなく、人々が変革の根本を「納得《コンヴィンチェレ》」したのである。

バザーリアやザネッティが生涯をかけて成し遂げた改革が、人と人との関係性によって支えられていたように、本書の邦訳も多くの方々との関係性のなかで実を結んだ。著者のミケーレ・ザネッティ氏は、日本での翻訳書刊行を心から喜び、様々な質問に親身になって応じて下さり、日本語版前書きも快く添えて下さった。出版の労をとって下さった大熊一夫氏は、いつでも惜しみない助言を下さり、本書の推薦文の執筆も快諾して頂いた。草稿に懇切丁寧に目を通して下さった竹端寛氏には、的確で鋭い指摘をいくつもして頂いた。大熊由紀子氏は当初から本書の刊行を心待ちにし応援して下さった。お三方を介して広がった縁《えにし》のおかげで、日本の精神保健の現状と課題に対する理解を深めることがで

きた。厚く感謝申し上げたい。またヴェネツィア大学での留学生活で培った語学力で翻訳作業の初期に協力してくれた田中宜子さん、内容の精査と検討に力を貸してくれたイタリア人で日本近現代史を専門とするフィリッポ・ドルネッティさんにも心から感謝申し上げたい。

本書の訳出にあたっては、次のように作業を進めた。最初に鈴木と大内で担当箇所を決定し、下訳を作成した。鈴木は、日本語版前書き、第三章、補遺を担当し、大内は序論、第一章、第二章、第四章、イタリア語版前書きを担当した。その後二人で訳文の推敲を行った。イタリア語原文に対する忠実さと日本語としての読み易さの間で、幾度となく検討を重ねて文章を練り直した。そのため下訳はほとんど原型をとどめていない。

多くの方々のご助言とご協力を得てようやく刊行まで漕ぎつけたが、翻訳の責任はひとえに訳者二人にある。鈴木は社会学を専門とし、大内は特別支援学校の教員をしており、どちらも精神医学や精神医療の専門家でもない。それにもかかわらず本書を邦訳するという無謀を冒したのは、私たちがこれまでに歩んできた、そして今も私たちが歩み続けている日本の精神保健の道すじを、イタリアを対話の相手とすることで批判的に見つめ直し、問題の核心にあるものは何かを見極めるための原点として、本書を紹介することの意義を確信したためである。

今後、日本の精神保健は、どこへ向かうのか。心病む当事者の自由が第一に尊重され、住みなれた場所で必要な支援を受けられる地域サービスが中心となり、精神保健の課題と社会問題の関連にいつでも注意が払われるような「開かれた精神保健」に向かう道を歩むのか。それとも、患者の治療よりも社会の都合が優先され、治療機関は地域社会から隔離された場に置かれ、社会の「正常」とは切り

離されたものとして意識され続けるような「閉ざされた精神保健」への道を歩むのか。バザーリアもザネッティも述べているように、「トリエステ・モデル」は成功モデルとしてそのまま輸出されるべきものではない。日本には日本社会の文脈にあった道がある。しかし、日本の精神保健改革を推進していこうとするとき、そこでは「人間を人間として扱わない」一切の態度や仕組みを取り除いていくという倫理が原則になるはずである。それがイタリアからのメッセージだと受けとめている。

二〇一六年八月

訳者を代表して
鈴木鉄忠

Torino 1971.
5. *Crimini di pace,* a cura di F. Basaglia e F. Ongaro Basaglia, Einaudi, Torino 1975.
6. *La institución en la picota,* a cura di F. Basaglia e F. Ongaro Basaglia, Editorial Encuadre, Buenos Aires 1974.
7. *A psyquiatria alternativa. Contra o pessimismo da razao, o otimismo da pratica. Conferencias no Brasil,* Brasil Debates, São Paulo 1979.

インタビュー集

1. *La nave che affonda,* a cura di S. Taverna, Savelli, Roma 1978.
2. *La violenza,* a cura di G. Controzzi e G. P. Dell'Acqua, Vallecchi, Firenze 1978.
3. *Il giardino dei gelsi,* a cura di E. Venturini, Einaudi, Torino 1979.
4. *Dove va la psichiatria?,* a cura di L. Onnis e G. Lo Russo, Feltrinelli, Milano 1980.